유럽 2020
전략 보고서

This study was originally produced and published by the Centre for European Policy Studies(CEPS), an independent policy research institute based in Brussels, Belgium. Its mission is to produce sound policy research leading to constructive solutions to the challenges facing Europe. The views expressed in this book are entirely those of the authors and should not be attributed to CEPS or any other institution with which they are associated.

The book has been translated and published by Yonsei-SERI EU Centre, with the kind persmission of CEPS. Daniel Gros is Director of CEPS and Felix Roth is Research Fellow at CEPS. This study was made possible by a grant from the Austrian Federal Chancellery. The authors express gratitude to Laura Felfelli, Lin Li and Raf van Gestel for valuable research assistance

Centre for European Policy Studies
Place du Congrès 1, B-1000 Brussels
Tel: (32.2) 229.39.11 Fax: (32.2) 219.41.51
E-mail: info@ceps.eu
Internet: www.ceps.eu

유럽 2020
전략 보고서
The Europe 2020 Strategy

다니엘 그로스 외 지음
고영경 옮김 | 박영렬 · 고주현 감수

CEPS(Centre for European Policy Studies, 유럽정책연구센터) 제공

이 번역서는 유럽연합의 재정적 지원을 받아 설립된 연세-SERI EU 센터의 지원으로 번역 및 출간되었음.

유럽정책연구센터(CEPS)는 브뤼셀에 위치한 독립적 정책연구기관이다. 이 기관의 임무는 유럽이 직면하고 있는 도전에 대한 건설적인 대안을 찾아가는 올바른 정책을 연구하는 것이다. 이 책에 소개되어 있는 견해들은 전적으로 저자들의 견해이며 CEPS나 그들과 연계된 어느 다른 기관에 의한 것이 아니다.

Daniel Gros는 CEPS의 소장(director)이며 Felix Roth는 CEPS의 연구위원이다. 이 연구는 오스트리아 연방 대사관의 기금으로 이루어졌다. 우리는 값진 연구 수행에 도움을 준 Laura Felfelli, Lin Li 그리고 Raf van Gestel에게 감사의 뜻을 전한다. 별도의 알림이 없는 한, 이 보고서에 표현된 견해들은 단지 저자 개인의 것일 뿐, 그들과 연계된 어떠한 기관과도 관계가 없다.

유럽연합은 지난 수년간의 경제, 금융위기를 극복하고 지속적 성장을 달성하기 위해 2010년, 유럽공동체 차원의 경제발전 전략(Europe 2020 Strategy)을 제시한 바 있다. 특히 연구, 혁신 역량 강화와 기업환경 개선을 통해 지속가능한 성장을 실현하고 노동시장 현대화와 경제, 사회, 지역의 통합 촉진을 목표로 하는 사회혁신 의제들을 꾸준히 실행해나가고 있다.

나아가 유럽 국가들과 유럽연합은 국가 차원에서, 그리고 유럽 대륙을 포괄하는 차원에서 통합과 성장을 추진해온 정책적 경험이 있으며, 현재도 그러한 정책을 수립하고 추진해 나가고 있다.

최근 국내에서도 사회 전반의 기업책임을 강조하고 노동과 지역사회 등 폭넓은 이해관계자를 고려하는 유럽 선진국들의 모델에 주목할 필요성이 증가하고 있다. 특히 유럽과 유럽연합의 사회모델과 정책적 방향은 우리에게도 하나의 새로운 모델을 제시하고 있다.

그러나 최근 대외관계 변화와 특히 중·선진국의 경제, 금융위기로 향후 지속적 경제성장이 쉽지 않은 상황이며 이러한 위기극복은 지속적인 사회

혁신 아이디어의 정책적 실현을 통해 가능할 것으로 예상된다. 이 책의 저자들이 말하는 유럽의 문제점들과 그 해결방안은 한국에도 적용가능한 사안들이 많으며, 우리와 유럽의 협력 발전단계(FTA, 전략적 파트너십 등)를 고려했을 때 양 지역 공동 관심분야에 대한 보다 심도 있는 논의와 협력이 필요한 상황이다.

이 책을 통해 사회혁신 분야에서 선도적인 위치에 있는 EU 차원의 정책적·제도적 혁신방안을 공유하고 유럽전문가들의 시각을 공유하여 현재 한국의 정책방향과 성과에 대한 새로운 관점을 구할 수 있을 것으로 기대한다.

세계화의 물결 속에서도 유럽은 기존의 정책을 유지하고 발전시키면서 새로운 전략을 수립해 나가고 있다. 이들이 말하는 국가 경쟁력에 대한 담론은 성장의 사회적·생태적 영향과, 시민의 삶의 질을 포괄적으로 포함하는 개념이며, 경제성장에 대한 논의 역시 지속가능성, 효율성, 가용자원의 현대화를 중시한다. 이를 위해 필요한 노동시장 현대화와 경제사회적 문제 해결, 지역 간 통합이라는 거대한 주제는 유럽연합과 한국이 공유하는 과제들이다.

이 중에서도 특히 유형 자본투자와 무형 자본투자, 연구개발과 고등교육에 대한 내용과 사회적 통합 모델, 효율적인 사회적 지출에 대한 논의는 한국에 큰 시사점을 준다. 성장일변도의 사회였던 한국은 현재 원숙기에 접어들고 있으며, 성숙한 자본주의로의 거대한 전환을 이루는 시기에 있다. 유럽의 국가들이 이전에 겪었던 사회현상들이 한국에서도 나타나고 있으며, 사회적 통합을 촉구하는 목소리가 커지고 있다.

또한 국가 경쟁력의 유지, 유효한 인적 자원의 성장세 감소, 사회적으로 지속가능한 성장과 같은 주제는 한국의 고도성장 시기의 문제들과는 확연히 다른 성격을 갖고 있는 주제들이다. 한국의 미래 전략은 기존에 성공적이었던 방법과는 확연히 다르며 새로운 방향을 가리키고 있으며, 혁신, 무형의 비즈니스, 인적 · 사회적 자본 등에 대한 투자와 같은 새로운 요소들을 포함한다. 한국 정부의 지속가능한 발전과 사회적 통합에 대한 목표도 하나의 미래를 위한 전략이자 새로운 성장 동력을 찾아내려는 시도이다.

따라서 이 책을 통해 유럽의 전략과 Europe 2020 Strategy를 검토하고 평가하면서 한국의 미래 비전과 제안을 도출해낼 수 있을 것으로 기대한다.

연세-SERI EU센터 박영렬 · 고주현

일련의 금융 위기로부터 촉발된 경제 위기는 여러 국가에서 사회적 · 정치적 불안까지도 야기하고 있다. 이후 양적 완화의 반복과 출구 전략의 시행 시점에 이르기까지 '위기'라는 단어가 수도 없이 등장하고, 정부에서부터 개인에 이르기까지 긴장감을 강요받고 있다.

유로존 역시 이로부터 자유롭지 못한 채 혹독한 시련을 겪고 있는 것으로 보인다. 특히 그리스, 아일랜드, 스페인, 이탈리아 등을 휩쓸고 지나간 부채 위기는 주식시장과 채권시장뿐만 아니라 유로존 전체 경제를 요동치게 만들었고, 앞으로도 상당한 부담을 지우게 될 것이다.

'유럽 2020 전략'은 이러한 위기 가운데서 그 모습을 나타내었고, 앞으로 공동체로서의 '유럽'이 도달하고자 하는 지향점을 구체적으로 제시하고 있다.

이 책은 유럽 위원회가 제시하고 정상회담에서 최종 통과된 '유럽 2020 전략'의 목표와 실태를 살펴보고, 구체적인 자료와 이를 기반으로 실현 가능한 추정을 통해 성과를 예상하면서, 동시에 문제점을 지적하고 있다.

이 책은 우리에게 세 가지 실마리를 던져 주고 있다.

하나는 경제적인 측면에서 '유럽 2020 전략'이 우리에게 미치는 영향 혹은 이익은 이미 분석된 바 있으나 여기서 고려하지 못했던 부분들을 바라보게 한다는 점이다. 2020년 목표 수치의 달성 가능성에 대하여 비판적 검토를 실시하였고, 또한 유로존 내의 국가 간 격차에 대하여 유럽 위원회가 보여주고 싶지 않았던 속살을 드러내게 하고 있다. 우리의 계산 역시 그 가정을 수정할 필요가 있을 것이다.

둘째, 경쟁력 강화와 혁신의 주요 기제를 교육 분야에 대한 투자와 향상으로 바라보는 시각이다. 특히 교육과 함께 노동시장에서 차지할 여성의 비중이 높아져야만 가능하다는 점은 유럽이나 우리나라나 마찬가지일 것이다. 지금 이런 명제들을 너무나 당연하게 여기지만, 장기적인 관점에서 일관된 정책 추진 없이는 실행이 불가능한 목표이다. 저자들이 말하는 교육의 질적 지표와 기업의 '무형자본 투자'는 양적 향상에 목매 왔던 우리가 참고할 만하다.

셋째, '유럽 2020 전략'의 환경과 불평등 해소 등의 목표에 대해서는 국가 간 큰 이견이 나타나지 않고 대략적인 합의가 이루어진 듯하다. 그러나 금융시장의 개혁과 규제에 관해서는 아무런 언급이 없다. 또다시 위기가 닥치더라도 그때그때의 해법을 기대할 수밖에 없다는 말이다. 결국 금융시장의 리스크는 여전히 비슷한 크기로 존재한다.

아무쪼록 이 책이 유로존을 이해하고 또한 우리를 들여다볼 수 있는 자그마한 계기가 되길 바라며, 부족한 자에게 좋은 내용을 접하고 전달할 기회를 주신 동서문제연구원 이연호 원장님과 박영렬 경영대학장님께, 그리고 도움을 주신 고주현 연구교수님께 감사를 전한다.

이 책에 있을 해석상 오류는 모두 저자의 몫이다.

고영경

2010년 유럽집행위원회(European Commission)가 유럽 2020 전략의 밑그림을 그리고 유럽이사회(European Council)에서 이를 채택하였을 때, 금융 및 경제 위기는 이미 지난 2년간 세차게 몰아치고 있었다. 그러나 그 당시 전례 없는 통화 및 재정 부양책으로 선진국들은 내리막길로 치닫던 위기를 멈추게 했고 '정상적'인 성장 가도로 되돌아갈 수 있을 것으로 생각되었다. 그러한 위기가 유로존 위기를 완전히 변화시켜 유로존과 유럽연합을 분리시킬 수 있는 가능성을 초래할 것이라는 기대는 누구도 하지 않았다.

언뜻 보면, 유럽의 2020 전략과 유로존 위기는 완벽하게 무관한 것처럼 보인다. 그러나 우리 보고서는 실제로 이 둘 사이에 밀접한 관련성이 있음을 보여주며 이는 특히 두 가지 측면에서 두드러지게 나타난다.

먼저, 유럽의 위기는 우리 분석에서 성과가 낮은 쪽에 속하는 국가들을 강타한 것으로 보인다.

둘째, 우리가 지적한 유럽 2020 전략에서 누락된 가장 중요한 요소는 금융시장의 통합과 규제에 관한 것이다.

유럽 2020 전략은 EU 27개* 국가를 전체로 바라보고 작동하지만, 이는 구성원인 국가 수준에서의 노력을 필요로 하고, 특히 수많은 지표에서 뒤떨어지고 있는 국가들의 노력을 더더욱 필요로 한다.

유로존 위기는 이러한 필요성을 더욱 분명하게 드러냈으며, 유로존 핵심, 특히 독일, 보다 일반적으로는 알프스 이북의 모든 구성원과 스페인, 이탈리아, 포르투갈, 그리스와 같은 수많은 남부 지역 국가들 사이의 심각한 구조적 불균형에 초점을 맞추도록 만들었다. 지중해의 이들 4개 국가는 어려움을 겪었고, 여전히 동일한 현상으로 고통받고 있다. 여성 노동력 이용이 유휴 상태인 탓에 전체 취업률은 낮고, 무형자본 보유도 유럽연합 평균보다 낮다. 이는 이들 국가의 기업 혁신역량에 대한 투자가 다른 모든 대안 가운데서도 차선적으로 이루어지고 있음을 의미한다. 일부에서는 그 결점에 대해 높은 부패수준과 비효율적 정부 구조를 지적하는데, 특히 그리스와 이탈리아의 경우에 그런 경향이 있다.

이러한 기본적 요소들은 위기의 근원이며 위기의 국가들이 근본적인 개혁을 통해 생산성을 증진시킬 때까지는 사라지지 않을 듯하다.

유로 위기로 인해 드러난 두 번째 측면은 금융시장의 오작동이다. 호황기 동안 현 위기 국가에 전례 없는 비율로 유입된 자본, 외부조달 건설과 소비과다는 지나고 나서뿐만 아니라 발생 당시에도 지속이 불가능하다는 것을 인지했어야 한다. 파산 단계인 지금, 동일한 시장이 주변국으로부터의 모든 자금을 보류하고 있어서 정부와 은행들은 파산의 고비로 향하고, 위기는 심화되고, 회복은 점점 어려워지고 있다. 우리가 분석한 실제 유럽 2020 전략의 모습은 금융시장의 심오한 개혁이라는 중요한 요소를 누락하고 있다. 금융시장 개혁은 위기(2012년 6월 29일 유로 정상회담에서 인정한)를 극복하는 데 필수적일 뿐만 아니라, 이를 통해 국가 차원에서의

---

* 감수자 주: 이 서문이 쓰였을 당시 EU 회원국은 27개국이었으나 2013년 7월 크로아티아가 EU의 28번째 회원국으로 가입함으로 인해, 이 책의 발간시점인 2014년 현재 EU 회원국의 수는 28개이다.

호황/파산 형태를 미래에 피할 수도 있을 것이다.

위기 국가의 심오한 개혁과 현재 진행 중인 금융시장 감독에 대한 개혁이 합쳐지면 유로존과 EU 전체가 현재의 위기 상태에서 벗어나 건강해진 모습으로 나타날 수 있을 것이라고 우리는 여전히 희망을 품고 있다.

Daniel Gros and Felix Roth

브뤼셀, 2012년 8월

CONTENTS

도입

2010년 3월 유럽집행위원회가 발족한 유럽 2020 전략(유럽집행 위원회, 2010a)은 '스마트하고, 지속 가능하며 포괄적인' 성장을 이룩하는 것을 목표로 삼고 있다. 이러한 성장을 이끄는 엔진은 ⅰ) 지식과 혁신, ⅱ) 보다 친환경적이고 보다 효율적인 자원 사용, 그리고 ⅲ) 사회 및 지역 내 통합과 결합된 고용률 상승 등이다.

보다 구체적인 유럽 2020 전략의 목표는 다음과 같다.

ⅰ) R&D 지출을 GDP의 3%로 확대(그러나 혁신 집중도를 더 잘 반영할 수 있는 지표 개발의 필요성이 요구되는 것을 인정한다)

ⅱ) 현재 69%인 20~64세 인구의 고용률을 75%로 제고(여성과 노령 노동자의 참여 증대 및 이주노동자의 통합을 통한 증가)

ⅲ) 학업 중퇴율을 현재 15%에서 10%로 감소시키고 30~34세 인구의 고등교육 이수비율을 31%에서 40%로 향상

ⅳ) 소외 또는 빈곤 위기에 있는 유럽인들의 수를 2천만 명 감소

ⅴ) 화석 에너지 소비에서 재생가능 에너지 원료 비중 20% 증가와 에너지 효율 20% 증가를 통해 1990년 대비 최소 20%의 온실가스 배출 감소 혹은 조건이 맞는다면 30%까지 감소

이 보고서는 유럽 2020 전략의 5대 목표가 유럽 경제의 글로벌 경쟁력을 증진시킬 것인가라는 질문에 대한 해답의 실마리를 제공한다. 보고서는 다음과 같이 구성되어 있다. 제1장은 문헌에서 주어진 경쟁력에 대한 상이한 개념을 구체화하고 저자들만이 갖는 경쟁력의 정의를 강조한다. 제2장에서는 R&D 투자가 혁신 능력의 유용한 지표인가에 물음을 던지며 무형자산에 대한 투자를 대안적 지표로 제시하면서, 혁신의 차원을 조망한다. 제3장은 고용자격에 초점을 맞추고 계획한 기술 향상이 고용 증가의 최선책인가를 논하겠지만, 75% 고용률 벤치마크를 달성하기에 충분하지는 않을 것이다. 제4장에서는 OECD 국가와 중국을 비교함으로써, 유럽 경제 노동력의 질적 및 양적 측면으로 교육을 논의한다. 제5장에서는 빈곤과 소외 위기에 처한 사람들의 비율을 결정하는 요인이란 관점에서 사회 통합을 깊이 있게 파고든다. 제6장은 현재 기후 목표는 지구 온난화에 상당한 영향을 미치지 못하고, 유럽연합의 탄소 내부가격 책정이 외부 요건(탄소 수입세)에 의해 보완되어야 한다는 주장을 펼치며 목표를 상향 조정해도 된다는 것을 보여준다. 제7장에서는 유럽 2020 전략의 다양한 지표들 사이의 트레이드오프, 새로운 지배구조와 거시경제 스코어보드 통합, 유럽 세메스터(European Semester)와 유로-플러스 협약(Euro-plus pact)을 간단히 살펴본다. 제8장에서는 유럽 경제의 향후 능력과 그들의 번영을

전망하기 위한 유효한 정책 단계로 결론을 맺는다.

제기될 만한 첫 번째 질문은 지난 10년간 유럽연합의 경제적 성과를 기반으로 하여 2020 목표에 도달할 가능성이 얼마나 있는가라는 문제이다. 2000~10년의 성과를 2020년으로 투영하는 성급하고 단순한 예측은 몇 가지 흥미로운 결론을 이끌어 낸다.

지난 10년간 GDP에서 R&D 비중이 사실상 2% 이하라는 일정한 수치로 나타난 상황에서 R&D 지출 목표가 어떻게 달성될 것인가를 밝히기는 어려우며, 누구도 R&D 지출을 급격히 증가시킬 수 있을 것이라는 여러 구체적 수치도 보지 못하고 있다.

이와 유사하게, 과거 몇 년 동안 고용률이 고작 2.5%P 변한 상황에서, 다가올 10년 내에 6%P 이상 고용률을 증가시켜야 가능한 그 목표를 과연 어떻게 이룩할 것인가를 밝히기도 어렵다. 그렇지만 현재 고용률이 경기 후퇴에 어느 정도로 영향을 받아 왔는지, 그리고 만일 유럽연합의 경제가 2007~09년의 금융시장 위기와 2010~11년의 유로부채 위기의 영향에서 완전히 회복된다면 고용률이 얼마나 증가할 것인지 판단하기도 힘들다.

더 낮은 연령 집단의 고등교육 이수비율이 지난 십 년 동안 22%에서 대략 33%까지 증가한 것을 고려한다면, 교육목표는 쉽게 달성될 것이다. 향후 10년 동안 유사한 증가율이 지속된다면 43%를 넘겨 목표치를 상회하게 될 것이다.

중퇴율을(2009년 14.1%) 10%로 낮추겠다는 목표는 2000년에서 2009년 사이에 3.5%P 떨어진 사실을 상기하면 달성 가능할 것이다. 이는 과거보다 그 감소율을 조금 더 높이기만 하면 된다.

빈곤과 소외 인구 감소에 대한 목표는 판단하기가 더욱 어렵다. 공식통계에 따르면, 총 소외 빈곤 위기의 인구수(1천만 명)는 자료가 유효한 지난 4년(2005~09) 동안 빠르게 줄어들고 있다. 그러나 위기 상태의 인구수가 감소한 것은 중부 및 동부 유럽 10개 신규 회원국들 때문이며, 특히 폴란드(660만 명 감소)의 덕택이다.

이제 2020 목표는 어떻게 이룩할 것인가? 어느 누구도 10개 신규 회원 국가(전환 국가)들의 과거 5년 지표를 2020에 단순 적용할 수는 없다. 기껏해야 그들이 EU(소외 빈곤비율의) 평균치에 수렴하게 될 것이다. 이렇게 되면, 소외 빈곤에 처한 또 다른 최대 1천만 명의 시민들이 위기에서 벗어나게 될 것이다. 그렇지만 이들 국가의 국내목표의 총합은 겨우 350만 명이며 이 수치는 전환 국가들이 평균값까지 약 1/3가량을 10년 안에 줄여야 한다는 것을 의미한다. 그러면 이것은 다시 그 목표치를 채우기 위해 필요한 1,650만 명의 또 다른 시민을 어디선가 찾아내야 한다는 문제로 이어진다. 만일 기존 회원 국가가 정말로 소외 빈곤층 문제에 대해 적극적으로 대처해 나간다면 2020의 전체 목표비율에는 도달할 수 있겠지만, 실제로는 그 비율들이 과거 몇 년 동안 이들 국가에서 증가하고 있었다. 경기침체 때문에 얼마만큼 증가하였는지, 그리고 전체적으로 경기회복이 2020 목표 도달에 얼마만큼 도움을 줄 것인지는 판단하기 어렵다. 기존 회원국을 위한 국가별 목표치를 합하면 단지 720만 명 정도가 나올 뿐이다.

이렇게 기존 국가 목표치를 모두 합하면 대략 1,070만 명 - 공식적으로 나온 전체 목표치의 1/2을 조금 넘는 - 밖에 안 된다. 따라서 이 목표에 어떻게 도달하게 될 것인가를 살펴보기는 쉽지 않다. 이와는 별개로, 2020 진행에 대한 과거의 공식 조사는 국가 목표치의 합을 제공하지 않으면서, "국가 간 방법론 차이 때문에 결과를 계산할 수 없다"는 말로 공식적으로 정당화하려는 노림수를 들키고 말았다(부록의 표 A.1. 참조). 이것이 사례로 남는다면, 유럽 2020 진행에 대한 어떠한 독립적 평가도 불가능하다.

목표 달성에 아무런 문제도 없을 것처럼 보이는 유일한 영역은 환경 분야이다. 그 이유는 환경 분야의 양대 의무적 목표를 향해서 EU 차원의 국제적인 책무에 맞는 정확한 메커니즘이나 결과를 확실하게 만드는 지침이 존재하기 때문이다. 그러나 EU 메커니즘을 제약할 것이 하나도 없는(에너지 효율 20% 증가) 이 분야에서도 한 가지 측면, 국가적 공약의 총합은 전체 EU 목표에 상당히 못 미친다.

유럽 2020 전략의 주요한 하나의 목표는 양적 측량이 가능하고 정확한 몇 개의 목표에 집중함으로써 보다 투명하고 신뢰할 수 있도록 만들자는 것이었다. 그렇지만 5대 목표에 대한 이 신속한 조사 결과는 최소한 한 가지 목표는 국가마다 다른 정의의 차이 때문에 평가하기 어렵고, 다른 목표들은 대체로 이룰 수 있을지 의심스럽다는 것을 보여주고 있다.

상대적 하락의 시대에서 유럽의 경쟁력

1

1.1. 개념 설정

경쟁력에 대한 전통적인 정의는 수출에 대한 경제능력에 집중해서 국가 경제가 기업과 유사하게 직접적으로 서로 간 경쟁한다는 논리를 강조한다. 예를 들면 OECD의 통계 용어 사전은 경쟁력을 "한 국가가 국제시장에서 그 상품을 판매하는 데 있어서 갖는 이점 혹은 불리함의 척도"라고 정의한다.[1] 롱맨 사전은 "기업 간 경쟁을 국가 간 경쟁에 연결시키고, 다른 기업이나 국가들과 경쟁하는 한 기업, 국가 혹은 생산물의 능력"으로 경쟁을 규정한다.[2] 기업과 국가 사이의 동일한 비교는 경영 사전에서도 나타나는데, 경쟁력을 "경쟁적인 가격으로 지역시장 및 세계시장의 기준을 충족시키는 제품과 서비스를 제공하며 이들을 생산하는 데 고용 혹은 소비된 자원에 대한 적절한 보상을 주는 기업 혹은 국가의 능력"으로 정의한다.[3]

---

1) OECD, 통계 용어 사전, "국제 무역의 경쟁력" 참조("Competitiveness in International Trade", Glossary of Statistical Terms, OECD)(http://stats.oecd.org/glossary/detail.asp?ID = 399).

2) "Competitiveness", *Longman Dictionary of Contemporary English* 참조(http://www.ldoceonline.com/dictionary/competitiveness).

3) "Competitiveness", *BusinessDictionary.com* 참조(http://www.businessdictionary.com/definition/competitiveness.html).

그렇지만 경쟁력에 대한 이러한 세 가지 정의는 모두 경쟁력이 국가 간 경쟁력에 관한 것이라는 생각을 바탕에 깔고 있다. 이러한 생각에 Krugman(1994)은 강하게 거부감을 표현해 왔다. 그에게 있어서 경쟁력에 대한 그런 정의와 그에 기반을 둔 정책들은 모두 잘못된 것이다. 보다 구체적으로 "경쟁력은 국가 경제에 적용되는 순간 무의미한 단어가 되며", "널리 수용된 경쟁력 교리는 단연코 잘못된 것이며", 그리고 "국민 생활수준은 세계 시장을 위한 경쟁보다는 국내 요인들에 의해서 압도적으로 결정된다"고 주장한다.[4]

경쟁력에 대한 Krugman의 개념은 국가 간 경쟁에 대한 강조를 줄이고 주어진 자원을 이용해 효율적으로 생산하는 국가의 능력에 더 많은 중요성을 부여하는 다른 학자들의 정의와 일치한다. 이런 맥락에서, 예를 들면 Porter(1990)도 "일국의 경쟁력은 그 산업의 혁신과 향상 능력에 달려 있다"는 것 그리고 "국가 수준에서 경쟁력에 대한 단 하나의 유의미한 개념은 생산성이다"라는 점을 강조하고 있다.

최근 강연에서 Porter(2011) 역시 "국가가 그 인적 자원, 자본 그리고 천연 자원을 활용하는 생산성"으로 국가 경쟁력을 정의하고, Lawrence는 "경쟁력의 가장 중요한 개념은 고로, 국가의 성과가 어떠한지 비교하면서, 심지어 국제 무역에서 잘해내고 있는지가 아니다. 주요한 문제는 각각의 경제에서 그 자원들을 최대한 이용하는가이다"라고 주장한다.[5] 두 개의 국제 경쟁력 지표도 이와 유사한 개념을 사용한다. 세계 경제 포럼(World Economic Forum, WEF)에서 발표하는 지수(Schwab, 2010)와 경영개발

---

4) Flassbeck & Spiecker(2011)의 주장도 참고할 것.

5) R. Z. Lawrence, "Competitiveness", *Concise Encyclopedia of Economics*, Library of Economics and Liberty 참조(http://www.econlib.org/library/Enc1/Competitiveness.html).

연구원(Institute for Management and Development, IMD)에서 발표하는 지수(IMD, 2009)이다. WEF의 글로벌 경쟁력 보고서 2010~11(Global Competitiveness Report)에 따르면 경쟁력은 "한 국가의 생산성 수준을 결정짓는 제도, 정책 그리고 요인들의 집합"이다(Schwab, 2010, p.4).[6] IMD의 세계 경쟁력 연례보고서(World Competiveness Yearbook)는 경쟁력을 "국가와 기업들이 더 큰 번영을 이룩하기 위한 그들 능력의 전체를 어떻게 경영하는가"로 규정하고 있다(IMD, 2009).[7]

경쟁력의 정의에 대한 두 번째 논의에 이어서, 우리 자신이 이해한 바로부터, 우리는 경제적·생산성 성장을 경쟁력의 가장 강건한 지표 가운데 하나로 규정해 본다. 그렇기에 경제의 경쟁력을 평가하는 데 있어서 생산성을 증대할 수 있는 가능성을 지닌 요인들을 살펴보아야 한다. 유럽 2020 전략은 정확하게 측정된 GDP 성장이 유일한 정책 목표가 아니라는 것을 참작하고 있다. 우리는 CO_2 배출당 GDP나 소득 불평등과 같은 측정값들이 생태적으로 그리고 사회적으로 지속 가능한 경제성장을 잡아내는 중요한 척도를 구성한다는 데 동의한다(Sen et al., 2009 참고).

우리 시각에서 보면, 국가 경쟁력은 사회적으로 그리고 생태적으로 오랜 기간에 걸쳐 시민의 삶의 질을 지속적으로 향상시키도록 지속 가능한 부를 생산하는 데 가능한 한 효율적으로 가용자원을 사용하는 능력이라고 할 수 있다. 우리는 국가 경쟁력이 혁신(예를 들어, 무형의 비즈니스), 인적 및 사회적 자본 등에 대한 적절하고도 충분히 높은 투자와 함께 진행될 때

---

6) 이 보고서는 경쟁력의 12가지 조건을 다룬다. 교육과 훈련, 기술적 진보, 거시경제 안정성, 좋은 지배구조, 기업의 고도화(firm sophistication), 시장 효율성, 그리고 정치인에 대한 대중의 신뢰와 같은 다양한 지표들을 포함한다.
7) IMD의 세계경쟁력 연례보고서(World Competiveness Yearbook)는 4개의 주요 차원 아래 20개의 하위지표를 포함한다. 경제적 성과, 정부 효율성, 기업 효율성 그리고 사회기반 시설성장과 경제적성과에 덧붙여 IMD 지수는 삶의 질과 같이 더 유연한 지표(softer indicator)들도 고려하고 있다.

최대한 높아지리라는 의견을 갖고 있다.

유효한 인적 자원이 성장을 멈춰 버린 상황하에서 누군가 EU의 성과를 판단하고자 한다면 '가용한 자원들'에 대한 조건은 매우 중요하다. 이것이 금융 위기와 더불어, 실질 GDP의 3% 성장률이라는 암묵적인 리스본 목표가[8] 유럽 2020 전략에서는 더 이상 현실적이지 않게 된 이유이다. 더군다나 지난 십 년을 되돌아보면, 미국 경제의 절대 성장률이 약 0.5% 더 높지만, 1인당 GDP 증가율은 대서양 양측에서 거의 똑같다. 물론 그 차이는 EU의 인구증가율이 매우 낮은 수준이라는 점 때문에 발생한다. 더군다나 출생률이 미국보다 EU에서 더 낮기 때문에, 노동연령 인구 성장률은 대서양 한쪽에서는 심하게 더 낮아지고 있다(표 1.1.).

표 1.1. G-3 인구 전망: 10년간 노동연령 인구의 누적 증가(%)

국가	1990~2000	2000~10	2010~20
중국	13.3	13.3	1.9
미국	12.3	10.9	3.9
EU	3.2	3.6	-1.5

주: 노동연령 인구는 15~65세 인구로 구성.
출처: Eurostat와 UN 인구 전망.

노동연령 인구 1인당 GDP 증가율의 측면에서 보면, 결과적으로 EU 증가율이 미국보다는 조금 더 높아졌다. 이는 표 1.2.에 나타나 있는데, 이 표는 지난 십 년 동안 15~64세 인구 1인당 GDP 누적 증가를 보여준다(미국이 9%인 데 반해 유로 지역은 10%). 이 표에 나타나는 또 다른 흥미로운 결과는 성과가 부진한 시기인 '일본 10년'을 고려해서는 안 된다는 점이다. 왜냐

---

8) 유럽 2020 전략의 선조격인 '리스본 어젠다(Lisbon Agenda)'는 2000년 EU가 고안한 발전 계획이었다. 그 목표는 2010년까지 유럽을 "더 많은, 더 좋은 직업들과 더 큰 사회 통합과 함께 지속가능 경제 성장을 이룰 수 있는, 세계에서 가장 경쟁력 있고 역동적인 지식기반 경제"로 만드는 것이었다. European Council(2000) 참조.

하면 일본에서 노동연령 인구 1인당 실질 GDP는 유럽이나 미국에서보다 실제로 크게 증가해 왔기 때문이다.

표 1.2. 2000~10년 15~64세 인구 1인당 실질 GDP의 누적 증가(2000=100)

지역	누적 증가
미국	109
일본	116
유로 지역	110

출처: IMF 자료를 바탕으로 자체 계산함.

앞을 미리 내다보면, 표 1.1.에서 나타나 있듯이 대서양의 양쪽에서 인구는 계속 차이가 날 것이며, 노동연령 인구의 절대 증가율은 EU에서도 떨어질 것이다. EU 노동연령 인구는, 비록 아주 적긴 하지만(2000~10년 사이에 소폭 증가와 비교하면) 2020년까지 감소할 것으로 예상된다. 이러한 예상에 따르면, EU는 전체적으로는 이전 10년 동안보다도 더 낮은 성장률을 향후 10년 동안 기록하게 될 것이며 미국보다도 더 낮은 전체 성장률을 계속 겪게 될 것이다. 표 1.1.은 또한 노동연령 인구가 향후 10년 동안 중국에서 보다 큰 폭으로 감소하게 될 것이라는 전망도 보여주고 있지만(성장률은 매년 약 1.3%에서 0.19%로 하락하고 있다), 1인당 GDP가 훨씬 더 낮은 상태에서 출발한 점을 고려하면, 중국은(대부분의 신흥시장과 마찬가지로) 훨씬 더 높은 전체 성장률을 지속적으로 기록할 가능성이 높다.

1.2. 세계적 맥락(global context)

2000년 리스본 전략이 구성되었을 때,(그 당시의 EU – 15 국가들에) 미국은 경쟁력 있는 성숙한 경제의 빛나는 표본으로 보였다. 미국의 고용률은 2010년도 EU의 목표가 되었고, EU의 야심은 세계에서 '가장 경쟁력 있는 지식경제'가 되어 미국을 따라잡는 것이었다.

10년이 흐른 후, 미국은 더 이상 추종할 최상의 모범사례가 아니며, 신흥시장들이 세계경제의 주요한 성장 축이 되었음이 분명하다. EU의 야심은 지금 가장 경쟁력 있는 경제가 되는 것에서 인구통계의 악화와 금융시장의 약화라는 상황 속에서 뒤떨어지지만 않도록 보장하는 것으로 확실히 줄어들었다.

이러한 상대적인 하락은 수많은 영역에서 분명하게 드러난다. 전 세계 GDP에서 중국과 다른 신흥경제가 차지하는 비중이 늘어나고 있는 반면에 EU가 차지하는 비중은 빠르게 줄어들고 있다는 것이 가장 분명하게 나타난 하락이다(표 1.3.).

표 1.3. 세계 경제의 성장 축: 전 세계 GDP 성장률에서 차지하는 비중*(%)

국가	1990~2000	2000~10	2010~20
EU	15	25	16
－유로 지역	15	19	9
개발도상국	12	23	29
－중국	8	15	19
미국	41	25	15

* 구매력(PPP)으로 측정
출처: IMF(2011).

EU의 상대적 하락의 또 다른 특징은 혁신 분야 혹은 최소한 R&D 지출에서 나타난다. 10년 전만 해도 EU는 R&D 지출 측면에서 미국과 근소한 차이로 2위를 달리고 있었지만, 이제는 더 이상 그런 상황에 놓여 있지 않다. 그 이유는 중국이 지금 EU를 따라잡는 중이고, 현재 추세대로라면 2020년까지는 절대금액에서(그리고 GDP의 백분율로 비슷하게) 훨씬 더 능가할 것이기 때문이다. 표 1.4.는 2020년까지 중국이 과거 성장률을 유지할 수 있다면 R&D 부문에 대한 지출이 EU보다 약 40%가량 더 많을 것이라는 예상결과를 보여준다. 만일 EU가 정말로 2020 목표 수치인 R&D 분야에 GDP의 3%를 쏟아붓게 된다면 그 차이는 사라질 것이다(예를 들어, EU의 R&D 지출은 2020년 중국의 지출과 비슷해진다).

표 1.4. 유럽연합, 미국 그리고 중국의 R&D 지출(2020년까지 전망)

국가	2000	2008	2020
EU(27개국)	160	201	264
미국	233	283	356
중국	24	87	368
일본	86	107	139

* 2000유로 일정[구매력(PPP)]
출처: Eurostat 자료를 근거로 자체 계산.

EU의 중요성이 상대적으로 하락하는 데 있어서 환영받는 측면이 하나 있는데 바로 환경 분야이다. 전 세계 배출에서 EU 비중이 정말 빠른 속도로 줄어들고 있다. 이는 단지 부분적으로는 배출을 감소시키려는 EU의 노력에서 기인한다. 여전히 실제 EU의 배출은 1990년 교토 의정서 기준배출량에 비해 약 16%만 감소했을 뿐이다. 그런데 동일한 기간에 신흥시장에서의 배출은 이 수치의 몇 배가 증가했다. 표 1.5.는 2000년 EU가 전 세계 배출의 19%를 차지하고 있음을 보여준다. 오늘날 이 수치는 겨우 12%, 2020년까지 약 10%로 줄어들게 될 것이다. 반대로, 신흥 아시아 국가들(OECD 회원국이 아닌)의 비중은 전 세계 배출의 40% 이상으로 증가하게 될 것이다. 이 전망의 의미는 지구 기후 변화문제를 해결하는 데 EU 자신이 직접적으로 기여하는 부분은 분명 미미해진다는 것이다.

표 1.5. 전 세계 이산화탄소 배출 비중(%)

국가	2000	2010	2020
EU	19	12	10
미국	23	18	15
비OECD 아시아 국가	17	34	41

출처: IEA 근거로 자체 계산(2010).

1.3. 망각의 차원(forgotten dimension): 금융시장

2008 전 세계 금융 위기와 지속적인 유로 지역의 부채 위기가 금융 안정성이 성장의 전제조건임을 우리에게 보여줬어야 했다는 사실에도 불구하고, 유럽 2020 전략은 금융시장을 명확하게 언급하면서도 어떤 구체적 목표를 설정하지도, 어떤 구체적 측정기준을 담고 있지도 않다. 더군다나 금융시장의 자유화는 리스본 전략의 한 부분이었다. 그러나 자본시장 자유화(그리고 통합)의 결과는 적어도 실망스럽기는 하다. R&D 투자는 GDP 대비 비중으로 보면 실질적으로는 증가되지 않았고, 거품 기간에 발틱 국가들과 스페인, 아일랜드의 과도한 건설 투자 그리고 포르투갈과 그리스의 과소비에 대한 자본의 부적절한 대량 투입이 목격되었다. 그러므로 유럽과 특히 유로존 내에서 대규모 자본을 제대로 배부하지 않았던 것이다. 투자와 자본의 배분 효율성을 증가시키는 것이 최우선 과제가 되었어야만 했다.

만일 금융 안정성이 유로존(EU 전체 GDP의 60% 이상을 차지) 내에서 다시 확립된다면, 고용 성장을 포함한 성장은 향후 10년 동안 현실화될 것이다. 유럽 2020의 밑그림을 그린 자들은 이러한 예상을 보다 명확하게 고려했어야 했다.

1.4. 상대적 하락의 관리

신흥경제, 주로 중국이 향후 10년에 걸쳐 큰 폭으로 EU를 앞질러 갈 준비가 되었다는 것이 확실한 상황에서, 유럽 2020 의제의 성공은 EU가 경제 리그 테이블에서 선두 지위를 유지할 수 있는가에 따라 측정되는 것이 아니라, EU 노령인구의 생활수준이 여전히 조금씩 올라가고 있는 와중에 상대적 하락을 조절할 수 있는가에 달려 있다.

신흥시장의 보다 빠른 성장이 갖는 전략적 함의는 무엇인가?

원칙적으로, 유럽연합은 신흥시장경제의 강력한 성장에서 이득을 보며, 특별히 투자 상품의 수출이란 측면에서 이득을 얻는다. 또한 대개 R&D의 국제적 스필오버 효과는 긍정적이라고 경제 문헌들이 지적한 바대로, 중국과 같은 국가들에서 R&D 지출의 매우 빠른 증가는 걱정거리가 아니다. 동시에 전 세계 경제 규모가 R&D 활동의 증가분에 따라서 증가하므로 개척자적 발명에서 얻을 수 있는 보상도 증가하는 것으로 보인다(아이패드처럼 새로운 장비를 살 수 있는 소비자의 숫자가 늘어나면 늘어날수록 발명가의 수익도 커진다. 그리고 발명가는 부분적으로 기여하는 소프트웨어 엔지니어의 유용성 증가에 따라서도 수익을 얻게 될 것이다). 이것은 교육의 질, 특별히 고등교육과 연구가 미래에 더욱더 중요해진다는 것을 의미한다. 이런 의미에서 전 세계 대학 순위에서 EU 대학이 상대적으로 적다는 것이 긍정적인 신호는 결코 아니다.

마지막으로, 기후 변화 부문에서 EU의 상대적 하락의 의미는 역내에서의 행동이 그 문제 해결에 기여하는 바가 크지 않다는 것뿐이다.

혁신의 목표

2

순전히 숫자만 들여다본다면 이 분야에는 좋은 소식과 나쁜 소식이 모두 존재한다. 좋은 소식이란 전에 없던 심각한 경제 후퇴와 R&D 자금조달이 금융 및 은행 위기 탓에 더 힘들어졌을 것이라는 예상에도 불구하고 R&D 투자가 증가하고 있다는 것이다. 나쁜 소식은 EU의 R&D 투자비율(GDP에서 차지하는 비중)이 지난 10년 넘게 매우 부진했기에, 장기적인 추세에서 상당히 벗어나야만 2020 목표를 달성할 수 있다는 것이다(그림 2.1. 참조).

더구나 재정정책이 당분간 압력에 시달릴 가능성이 높기 때문에, 공공지출이 크게 증가하지 않을 것이다. 2020 목표에 도달하려면 R&D 지출에서 가장 큰 부분을 차지하는 기업의 R&D 지출이 향후 10년에 걸쳐 매우 공고하게 증가하여야만 한다. 기업의 R&D 지출은 현재 GDP의 1.25%를 차지하고 있으므로 기업이 그 지출규모를 80% 증가시킨다면, GDP의 3%라는 목표가 이런 방식으로나마 유일하게 이뤄질 것이다. EU 27개국에서 GDP의 2.2%까지 증가시키는 것도 공공 및 초등 교육지출이 일정하게 유

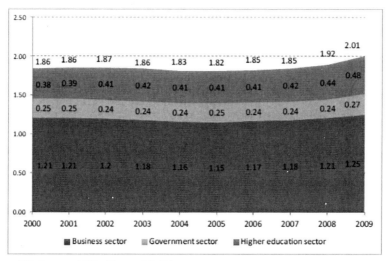

그림 2.1. 2000~09년 EU-27 국가에서 R&D 지출이 GDP에서 차지하는 비중(%)

지되어야만 가능하다(예산 압박을 예상하기 때문에). 그림 2.2는 2020년도에 3% 벤치마크를 달성하기 위해서는 얼마만큼의 변화를 필요로 하는가를 그림으로 보여준다. 그러나 지금까지 이러한 변화의 조짐은 거의 보이지 않는다.

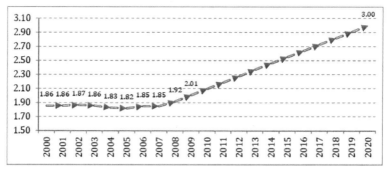

그림 2.2. EU-27 국가에서 R&D 지출이 GDP에서 차지하는 비중(%): 유럽 2020 목표 도달 전망

그렇지만 R&D가 혁신활동에 정말로 적절한 목표인가를 생각해 본다면, EU가 목표를 또다시 달성하지 못할 가능성의 의미가 줄어들지도 모른다. 그러므로 이 장에서는 혁신활동의 대안적이고 폭넓은 지표를 논의한다.

2.1. R&D 지출: 오류투성이 혁신 측정도구?

생산성 증가를 위한 혁신의 중요성은 많은 고전적인 경제학 논문들도 강조해 왔다(예를 들어, Slow, 1956; Romer, 1990; Grossman & Helpman, 1994; Aghion & Howitt, 1992 참조).[1] 따라서 유럽 2020 전략과 같은 경쟁 전략이 혁신 정책을 경쟁력의 차원 중심에 가져다 놓는 것은 합리적이고 건전한 선택이다. 혁신을 측정하기 위해 리스본 어젠다(Lisbon Agenda)는 2000년에 이미 R&D 3% 벤치마크를 설정하였다. 유럽 2020 전략은 폭넓은 혁신 지표를 사용해야 한다고 지적하지만, 지금은 일단 하나의 지표만이 사용 가능하기 때문에, 리스본 어젠다와 동일한 벤치마크에 동의하였다(Europe Commission, 2010a).[2] 유일한 지표로 R&D를 사용하는 것은

---

1) R&D의 중요성을 특히 강조했던 논문들은 Lichtenberg(1993), Coe & Helpman(1995), Park(1995), Guellec & Van Pottelsberghe(2001), Griffith et al.(2004), 그리고 Khan & Luintel(2006) 등이다. Van Ark et al.(2009) 그리고 O'Mahony & Vecchi(2003)의 논문을 포함해서 ICT의 중요성을 강조한 연구들도 있다. 가장 최근에 일부 연구자들은 무형자본의 중요성을 강조하고 있는데, 예를 들면, Corrado et al.(2009), Marrano et al.(2009), Edquist(2011), Fukao et al.(2009), Jalava et al.(2007), Van Rooijen – Horsten(2008)이 이에 해당한다.

2) 이리하여 유럽 2020 전략은 이미 3% R&D 목표에 사로잡혀 있다 하더라도, R&D와 혁신집중도를 반영하는 지표를 개발할 필요가 있음을 이미 지적한 바 있다(European Commission, 2010a, p.9).

제조업 분야를 지나치게 강조한다는 비판을 받아 왔고, 서비스 산업과 선진 EU 경제권 내의 많은 혁신활동을 상당히 무시하는 결과를 초래하였다 (Tilford & Whyte, 2010; Roth et al., 2010 참조).

그러나 최근까지 이런 활동을 측정할 만한 유용한 지표가 없었다. 이런 상황은 INNODRIVE 프로젝트가 공식적으로 무형자산 자료를[3] 발표하면서부터 변한다(Jona - Lasinio et al., 2009, 2011; Piekkola, 2011; INNODRIVE, 2011). EU - 27 국가 표본에서는 혁신을 측정하는 보다 광범위한 지표들을 사용할 수 있다. 이 지표들은 Corrado et al.(2005, 2009)의 접근법에 기반을 둔 것으로, 미국 이외에는 일부 국가들을 연구하는 데 사용되었다(Marrano et al., 2009; Edquist, 2011; Fukao et al., 2009; Jalava et al., 2007; Roth & Thum, 2010b). 새로운 지표는 혁신을 구체화하는 다음과 같은 폭넓은 용어들로 혁신의 개념을 정립하고 있다. ⅰ) 소프트웨어와 컴퓨터화된(전산 처리된) 정보, ⅱ) 과학 및 비과학 분야 R&D, ⅲ) 경제적 능력. 경제적 능력은 더 나아가서 세 가지 측면으로 분류된다. ⅰ) 마케팅 및 광고투자, ⅱ) 기업 고유의 인적 자본(직원 교육)에 대한 투자 그리고 ⅲ) 조직 자본에 대한 투자(조직 효율성). 자료에 대한 자세한 설명이나 그 방법론은 Jona - Lasinio et al.(2009, 2011)의 연구에 잘 나타나 있다. 우리가 선호하는 혁신활동의 지표는 '새로운 무형자산'이며, 이것은 국내 계정에 포함되지 않는 형태의 무형자산을 반영한다. 이러한 종류의 무형자산은 다음과 같다. 건축 디자인, 새로운 금융 상품, 기업이 소유한 조직 구조, 기업 고유의 인적 자본(교육), 브랜딩(광고), 시장조사 및 과학 R&D(Piekkola, 2011, p.3; Jona - Lasinio et al., 2011, pp.34~54).

---

3) 이 자료는 INNODRIVE 웹사이트에서 다운로드할 수 있다(http://www.innodrive.org/).

이 지표의 중요한 특성 중 하나는 공공 부문 투자를 포함하고 있지 않으며, 사적 부문 투자만 근거로 하고 있다는 점이다. 따라서 c에서 K, 그리고 o라는 비농업 부문을 포함하고 있다.[4]

그림 2.3.은 신개념 무형자산에[5] 대한 투자가 EU - 25개 국가에서 어떻게 진행되고 있는지 보여준다.[6] Roth(2010)는 경제적 능력을 R&D 위에 올려놓고, 이것이 혁신활동을 상당히 증가시켜 준다는 것을 보여주었다.

처음 살펴보면, 모든 형태의 새로운 무형자산에 대한 투자 집중은 측정 가능 기간에 25개 회원국 사이에서 크게 차이가 난다. 가장 높은 투자는 새로운 무형자산에 대한 투자이며(금융 서비스 산업에서 상품 개발을 제외하고), 스웨덴에서 나타나며(부가가치의 10.6%), 그 뒤를 벨기에(9.4%), 영국(9.02%)이 차지하고 있다. 프랑스(8.59%)와 네덜란드(8.44%)는 각각 4위와 5위를 달리고 있고, 슬로베니아와 핀란드가 그다음이다. 가장 큰 경제인 독일은 산포도의 중상위에 자리 잡고 있다.

전체적으로 가장 낮은 수치를 보이는 곳은 지중해와 발틱 국가들이다. 최악의 성과를 낸 국가 8개 중 6개가 지중해 국가이고, 2개가 발틱 국가, 라트비아와 리투아니아이다. 이탈리아와 그리스 혹은 스페인과 같은 경제에서 이것은 특히 걱정거리인데, 이 모든 국가가 앞으로 10년 동안 점점 높아지는 부채를 감당할 수 있는 경제성장률 증가를 심히 필요로 하기 때문이다.

---

4) 그림 2.3.~2.7. 그리고 2.9.-2.14.에서, VA는 부동산 활동을 제외한 비농업 부문(non - farm business sector)의 총부가가치를 반영한다.

5) 소프트웨어는 국내 자산 영역에 포함되어 있기 때문에, 새로운 무형자산 개념에는 들어 있지 않다(국내 자산 영역에 아직 포함되지 않은 자산만을 반영한다).

6) 이 지표는 EU - 25에서만 유효한데, INNODRIVE 프로젝트의 자료가 불가리아와 루마니아의 경우 현재 기본 가격으로 계산된 총부가가치를 포함시키지 않고 있어서 이 두 나라는 분석에 포함되지 않았다. '금융 서비스 산업의 상품 개발'이라는 지표는 그림 2.2.에 포함되지 않았는데, 이 지표가 금융 위기 이후에 포함되어야 하는가가 더욱 의문을 품게 한다. 더군다나, 룩셈부르크의 경우 이 지표가 엄청난 무형자산을 이루고 있다. 부록 그림 A.1.은 금융 서비스 산업에서 상품 개발이 포함되었을 경우, 무형자산에 대한 신규 투자비율이 어떻게 나타나는가를 보여준다.

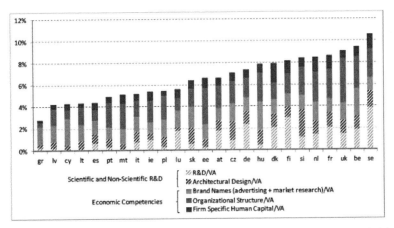

주: VA는 부동산 활동을 제외한 비농업 부문(c-k, o)에서 무형자산 투자로 인해 확대된 총부가가치
(GVA)를 나타낸다.
출처: INNODRIVE 자료를 근거로 자체 추정.

그림 2.3. 1995~2005년 EU-25 국가의 R&D 대비 신규 무형자본 투자

영국의 유리한 위치를 관찰해 보는 것이 흥미로운데, 유럽 경제의 두 강
자, 독일과 프랑스와 비교해서 R&D에 대한 영국의 투자가 상당히 낮기 때
문이다. 그렇지만 영국이 지난 10년 동안 서비스와 지식 산출에서 매우 특
화되어 있다는 것을 고려해 보면 이 사실이 그리 놀랍지는 않다.[7] 그래서
R&D와 같은 지표는 대부분 제조업에 특화된 경제에 근거하고 있으며, 서
비스 부문 혁신에 더 특화된 경제에 적용하기에는 문제점이 많아 보인다.
영국을 자세히 들여다보면, 새로운 무형자산 투자의 많은 몫이 조직 자원
에 투자된 것으로 보인다.[8]

그러나 더욱 중요한 것은 R&D 지출 3%라는 기준은 단순히 제조업 부문

---

7) 다른 경제들이 다양한 산업 분야에 특화되는 경향이 있기에(Hall & Soskice, 2001 참조), 주로 제조업
분야의 혁신을 반영하고 있는 R&D와 같은 혁신 요소는 서비스, IT, 디자인 등에 특화되어 있는 일부
국가들이 포진한 유럽 경제 전체를 다루기에는 적절하지는 않을 것이다.
8) 조직 자원 측면에서의 큰 차이는 ISCO88 등급의 국제 비교 가능성의 어려움 때문에 일부 발생했을
수도 있다.

에 중점을 두고 있기 때문에 잘못된 지표일 뿐만 아니라, 세계적 노동 분화라는 조건하에서 개발도상국가로의 제조업 이전을 경험한 EU - 15 국가들, 즉 서비스 - 중심 경제에 대해서 이 기준은 적절한 지표가 되지 못한다. EU - 15 국가에서 서비스 부문이 GDP에서 차지하는 비중은 제조업의 비중보다 몇 배나 더 크다.[9] 그러므로 유럽의 서비스 부문과 지식경제의 혁신성을 측정하려면 혁신에 대한 보다 광범위한 지표가 결정적 요소로 보인다. 유럽 2020 전략은 그 혁신 지표를 보다 폭넓은 혁신 측정도구로 바꿔야 한다. 이는 이미 예견되었고(최소한 공식문서의 각주에 표기) 그런 측정방법을 사용할 수 있게 되었으므로 이제는 반드시 이행되어야 한다.

그림 2.4.는 R&D 투자보다 경제적 능력에 대한 투자가 우세하다는 것을 잘 보여주고 있다. 모든 국가에서 세 가지 경제적 능력 부분에 대한 투자가 R&D에 대한 투자보다 더 높다.

이러한 현상이 R&D 집중 국가에서는 더 약하게 나타나는데, 스웨덴, 핀란드, 그리고 덴마크와 3개 통합 국가인 독일, 오스트리아, 프랑스와 같은 나라들이다. 여전히 다른 모든 국가에서는 새로운 무형자본에 대한 투자가 확실히 R&D 투자를 능가하고 있다.[10]

---

9) 자료에 따라 다소 상이한 지표들을 볼 수 있다. Eurostat는 2008년 제조업이 전체 경제의 부가가치(GDP)에서 차지하는 바가 16.5%인 반면에, 서비스업은 72%라고 보고한다. 소위 EUKLEMS 데이터베이스는 다소 상이한 결과를 보여준다. 제조업이 신흥시장에서 어느 정도 자리를 차지하는가의 좋은 예는 ipod의 제조와 판매이다. 중국에서 제조되는 ipod은 ipod 전체 생산에서 가장 적은 부분을 차지한다. 비용의 대부분은 디자인과 기업 고유의 인적 자본이나 조직 자산, 브랜드명과 같은 경제적 능력에 감춰져 있다.

10) '통합 국가(coordinated countries)' 개념에 대해서는 Hall & Soskice(2001)를 보기 바란다. Hall & Soskice (2001)와는 반대로, 프랑스는 통합 국가로 간주되었다.

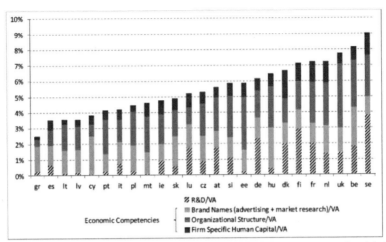

주: VA는 부동산 활동을 제외한 비농업 부문(c−k, o)에서 무형자산 투자로 인해 확대된 총부가가치 (GVA)를 나타낸다.

출처: INNODRIVE 자료를 근거로 자체 추정.

그림 2.4. 1995~2005년 R&D 투자 대 경제능력

지금 탐색할 주된 문제는 무형자본이 유럽 경제의 R&D 활동을 둘러싸고 결집되고 있는가, 또는 다른 무형자본 차원들이 R&D 투자로부터 독립적인가 하는 것이다. 그림 2.5.는 R&D 투자와 기업 고유 인적 자본 투자의 산포도이다. 산포도는 EU−25 국가들의 표본에서 R&D 투자가 기업 고유의 인적 자본과 같이 가고 있음을 분명하게 보여준다. R−square 값이 0.48이므로[11] 적절히 강한 관련성을 갖고 있다고 할 수 있다. 따라서 흔히 하나의 경제에서의 시장 부문의 R&D 투자는 기업 고유의 인적 자본(혹은 직원 교육)에서의 시장 부문의 R&D 투자와 관련이 있다. R&D 투자와 직원 교육은 상호 보완적이라고 결론 내릴 수도 있다. R&D와 기업 고유 인적 자본 사이의 관계가 스위스와 핀란드라는 두 개 경제에 의하여 강력하게 도

---

11) 이 값은 R&D 투자와 새로운 무형자본의 다른 지표들 간의 상관관계 중에서 가장 높다.

출된 것이며, 이 국가들에서 R&D에 대한 대규모 투자는 높은 수준의 교육 투자와 연관되어 있다. 여기서 이상치는 덴마크인데, 여기서는 R&D보다 교육에 대한 투자가 더 많다.

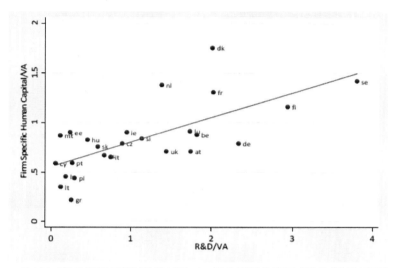

주: VA는 부동산 활동을 제외한 비농업 부문(c-k, o)에서 무형자산 투자로 인해 확대된 총부가가치 (GVA)를 나타낸다.
출처: INNODRIVE 자료를 근거로 자체 추정.

그림 2.5. 1995~2005년 R&D 투자와 기업 고유 인적 자본 사이의 관계

그러나 조직 자원에 대한 투자와 R&D 투자를 비교해 본다면 그림은 다소 다르게 보일 것이다(그림 2.6.). Roth(2010)가 이미 지적한 바대로, 조직 자본에 대한 투자는 R&D 투자와는 관련성이 약하다. 앞에 언급한 대로, 여기서 영국의 지표는 이상치인데, 조직 자본에 대해서는 상당한 투자를 하지만, R&D에 대한 투자는 중간 정도를 기록하고 있다. 이는 경영자 연봉에 대한 지출에 기인하는 바가 크다. 이전 연구에서 제시된 것처럼(예를 들면, Tilford & Whyte, 2010), 이러한 결과는 영국이 그 조직 구조조정에 더

큰 강조점을 두고 있다는 것을 의미하고, 이러한 조직 구조조정은 서비스 부문의 혁신과 보다 더 밀접하게 관련이 있다.

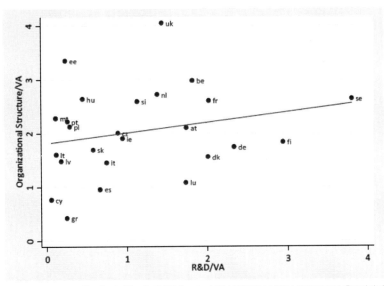

주: VA는 부동산 활동을 제외한 비농업 부문(c−k, o)에서 무형자산 투자로 인해 확대된 총부가가치
   (GVA)를 나타낸다.
출처: INNODRIVE 자료를 바탕으로 자체 추정.

그림 2.6. R&D 투자와 조직 구조 사이의 관계

2.2. 무형자본 투자

　서양에서 발전된 국가 회계 시스템은 오늘날 몇 가지 측면에서 오류가 있는 것으로 보인다. 일반적으로 환경, 건강, 인적 그리고 사회적 자본을 포함하는 데 부족하다(Sen et al., 2009). 더군다나 전통적 산업 제조 분야에 기반을 둔 경제에서 서비스와 지식에 기반을 둔 경제로의 현재 진행형 변화 - 일반적으로 지식 경제로의 이행 - 를 측정할 수가 없다(Roth, 2010). Van Ark et al.(2009)은 제조업 상품이 점점 더 지식 - 집약적 상품이 된다는 점을 강조하면서 이러한 논쟁을 또 다른 구조로 바라보고 있다. Roth(2010)가 이미 지적한 바대로, 만일 새로운 무형자본을 총 고정자본 형성으로 간주하고 ICT(Information and Communication Technology, 정보통신기술, 역자 추가) 자본 위에 가져다 놓는다면, EU - 11 표본에서 그 투자비율(부가가치 비중으로 본 투자)은 거의 두 배가 될 것이다. 더 나아가서 투자비율이 꾸준히 감소되는 현상은 나타나지 않을 것이다. 새로운 무형자본과 ICT 자본을 고려한다면, 유럽 경제에서 투자비율은 지속적으로 높아지게 된다(그림 2.7.).

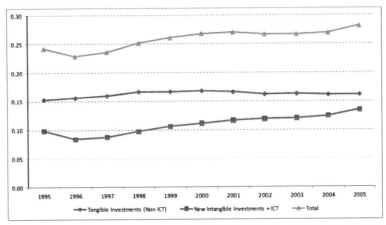

주: 유형자본 투자는 주택자본을 제외시켰으며, 무형자본은 금융 서비스 산업에서 상품 개발을 제외
　　하였음. 모든 투자는 부동산 활동을 제외한 비농업 부문(c－k, o)에서 무형자산 투자로 인해 확
　　대된 총부가가치(GVA)의 백분율로 표시됨.
출처: INNODRIVE 프로젝트와 EUKLEMS database(EUKLEMS: EU KLEMS Grouth and Productivity
　　Accounts, 2008년 3월 발표, http://www.euklems.net/)에서 나온 자료를 근거로 자체 추정. 저
　　자들은 프랑스와 아일랜드의 유형자본 투입 자료를 제공해 준 Mary O'Mahony에게 감사를 전
　　하는 바이다.

그림 2.7. 1995~2005년 EU－13 국가의 전통적 유형자산 사업투자와 ICT, 신규 무형자
　　본의 사업 투자 비교

　　그림 2.7.의 결론은 분명하다. 유럽 기업 부문은 국가 회계 통계부처에서
공식적으로 제기된 것보다는 글로벌 경쟁력에 대해 훨씬 준비가 잘된 상
태로 보인다. 만일 중국의 전통적인 벽돌, 모르타르 및 기계 자본에 대한 대
량 투자를 유럽 민간 부문의 투자비율과 비교한다면, 유럽이 크게 밀려나
는 것으로 단호히 결론을 내려야 할 것이다. 그러나 중국이 전통 자본에 대
단히 많은 투자를 한다는 사실은 세계의 제조업 가운데 엄청난 부분을 중
국이 차지하고 있다는 사실과 함께, 전 세계 생산 측면에서 보면 상호 의존
이 더욱 심화된 현상을 보여주는 한 개 표시에 불과하다. 가장 발전된 유럽
경제를 위한 정책적 결론은 무형자본에 대한 보다 많은 투자가 되어야 하
는데, 왜냐하면, 만일 유럽 경제가 그들의 생활수준을 향상시키고 앞으로

향후 10년 동안 1인당 GDP를 올리고 싶다면, 그들이 무형자본 분야에서 선두에 서야만 하기 때문이다.

EU－4(독일 · 프랑스 · 이탈리아 · 영국)에서 전통적 자본에 대한 투자 추이를 미국, 중국과 비교한 그림 2.8.을 보면 우리의 주장이 명확해진다. 이 그림은 잘 알려진 사실들을 보여준다. 중국의 자본 투자는 대략 40%로 일정하지만, EU－4의 자본 투자비율은 다소 감소하고 있다(1970년 23.4% 에서 2009년 18.5%). 중국과 EU－4 국가들 사이의 투자 격차가 과정 1970년 16.8%에서 2009년 20.5%로 확대되었는가? EU－4 국가들은 무형자본에 대한 투자를 더 많이 하고 있다고 우리가 예상하고 있기 때문에, 이전의 그러한 차이는 무형자본 투자가 총 고정자본 구성으로 여겨지게 되면 상당히 줄어들 수 있다. 특히, 미국의 투자비율(1970년과 2009년에 대략 16%)은 매우 높아지게 될 것이다. 사실, 미국의 투자비율은 두 배 정도 높게 나타나야 한다(Nakamura, 2010 참조).

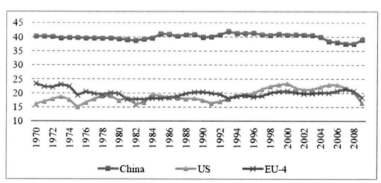

출처: PENN WORLD 표 6.3.의 자료를 이용하여 자체 계산.

그림 2.8. 중국, 미국, 그리고 EU－4 국가(프랑스 · 독일 · 영국 · 이탈리아)의 투자 추이 비교(%)

2.3. 유형자본 투자와 무형자본 투자의 관계

그림 2.9.는 2005년 EU – 25 국가 표본에서, 무형자본 위에 무형자본을 더한 이후의 자본 투자 흐름을 보여주고 있다. EU – 25 평균 투자 비율은 28%이다. 룩셈부르크에서 무형자본에 대한 투자비율이 이미

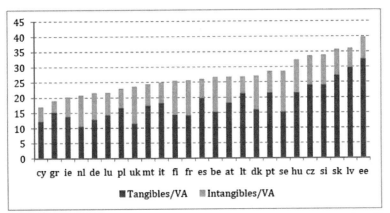

주: 신규 무형자본은 금융 서비스 산업에서의 상품 개발을 제외하였음. VA는 부동산 활동을 제외한
   비농업 부문(c – k, o)에서 무형자산 투자로 인해 확대된 총부가가치(GVA)를 나타낸다.
   출처: INNODRIVE 자료를 바탕으로 자체 추정.

그림 2.9. EU – 25 국가의 유형자본 투자 대 무형자본 투자(%)

유형자본에 대한 투자비율을 넘어선 반면에 스웨덴이나 네덜란드, 영국 같은 나라들에서는 투자비중이 거의 동일하다. 덴마크, 핀란드, 프랑스와 벨기에는 무형자산에 상당한 비중을 투자하는 반면, 전환경제인 발틱 및 지중해 국가들은 유형자본에 가장 많이 투자한다.

그림 2.10.은 2005년의 EU – 25 국가 표본을 대상으로 한 무형투자와 유형투자 사이의 관계를 보여준다. 산포도는 이미 유형자본 투자와 무형자본 투자 사이의 부(–)의 관계를 보여주었다.

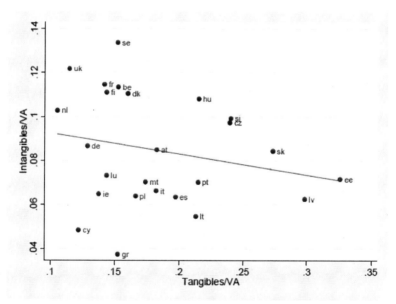

주: 신규 무형자본은 금융 서비스 산업에서의 상품 개발을 제외하였음. VA는 부동산 활동을 제외한
비농업 부문(c–k, o)에서 무형자산 투자로 인해 확대된 총부가가치(GVA)를 나타낸다.
출처: INNODRIVE 자료를 바탕으로 자체 추정.

그림 2.10. 2005년 EU–25 국가 표본에서 유형투자와 무형투자의 관계

이 그림에서 보면 EU-15 국가 표본에서 두 자본 투자 사이의 부의 관계가 더 두드러지게 나타난다(그림 2.11.). 유형자본과 무형자본 사이의 유의한 부의 관계는 낮은 무형자본 투자수준을 갖는 국가들일수록 유형자본 투자수준이 더 높다(스페인과 포르투갈처럼)는 점을 강조한다. 유형자본에 대한 낮은 투자비율을 갖는 나라들은 무형자본 투자비율이 더 높은 것으로 나타난다(영국과 네덜란드처럼).

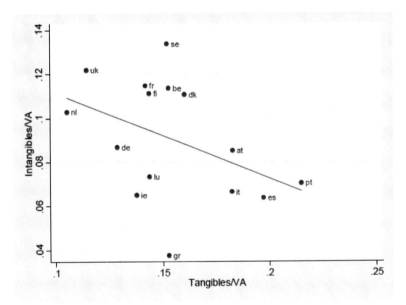

주: 신규 무형자본은 금융 서비스 산업에서의 상품 개발을 제외하였음. VA는 부동산 활동을 제외한 비농업 부문(c-k, o)에서 무형자산 투자로 인해 확대된 총부가가치(GVA)를 나타낸다.

그림 2.11. 2005년 EU-15 국가 표본의 유형투자 및 무형투자의 산포도

지금까지 살펴본 바대로, 보다 발전된 경제 및 부유한 경제에서 유형자본 투자에서 무형자본 투자로의 변환이 진행되고 있는 것으로 보인다. 그림 2.12는 국가 부(1인당 GDP)와 유형자본과 무형자본의 투자수준 비율에

대한 산포도이다. 부유한 국가일수록 유형자본 대비 무형자본 투자비율이 더 높은 것으로 나타난다. 그러나 이러한 국가들이 무형자본에 충분히 투자함으로써 더 빠른 성장을 이루었거나 더 부유하게 되었다는 인과관계는 분명 반대로 나타날 수도 있을 것이다(무형자본 투자가 노동생산성 증대에 미치는 긍정적 영향 때문임, Roth & Thum, 2010b 참조).

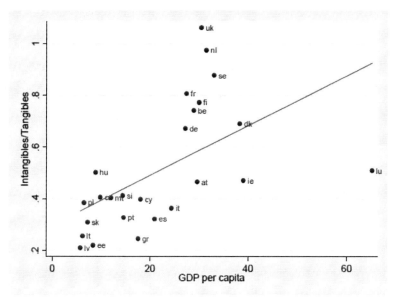

주: 신규 무형자본은 금융 서비스 산업에서의 상품 개발을 제외하였다.
출처: INNODRIVE와 Eurostat 자료를 근거로 자체 추정.

그림 2.12. 2005년 EU-25 국가의 1인당 GDP와 유형 및 무형 투자비율 산포도

2.4. R&D, 무형자본 투자 그리고 고등교육

    고등교육의 목표와 R&D 투자의 목표는 EU 2020 전략에서 꽤나 별개의 문제로 취급되고 있다. 그러나 R&D의 목표가 어떻게 달성될 수 있는가를 생각해 본다면 말이 되지 않는다. R&D 지출이 많아질수록 더 높은 수준의 R&D 인력, 특히 통상적이고 좀 더 좁은 의미에서의 R&D 엔지니어들과 무형자본을 생각해 본다면 또 다른 고도의 자격을 갖춘 인력을 더욱 필요로 한다. 정말로 혁신의 목표가 교육의 목표와 구별되어 다루어질 수는 없다. 그림 2.13.을 보면, 낮은 고등교육 이수비율을 가진 국가에서 GDP의 3%를 R&D에 투자한다는 것은 분명 불가능하다. 왜냐하면, R&D 투자를 위한 필수 연구인력을 고용할 능력이 없기 때문이다.

    이탈리아는 이러한 주장을 잘 보여주는 사례이다. 고등교육 이수비율이 20%이고, R&D 투자가 GDP의 1%인 이탈리아가 추가적인 비용을 감당할 적절한 연구인력의 수가 빤히 부족한 상황에서 R&D 투자를 2%까지 늘리는 정책 목표를 설정하는 것은 이치에 맞지 않는다. 현재의 고등교육 이수비율을 고려해 보면, R&D 지출의 추가적 증가는 현재 연구인력의 월

급을 더 올려주는 결과만을 가져올 가능성이 가장 높으며, 전체 경제의 이
익·복지를 창출하지는 못할 것이다.

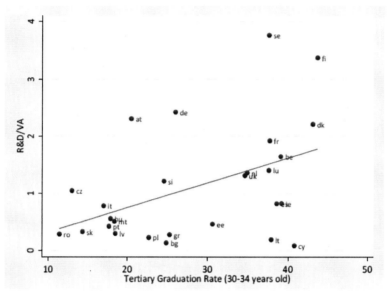

주: VA는 부동산 활동을 제외한 비농업 부문(c−k, o)에서 무형자산 투자로 인해 확대된 총부가가치
(GVA)를 나타낸다.
출처: INNODRIVE와 Eurostat 자료를 근거로 자체 추정.

그림 2.13. 고등교육 이수자 비율(30~34세)과 총부가가치에 대한 R&D 투자(2005년)

이와 동시에 다른 제도적 변수들도 R&D 투자와 관련이 있는 것으로 보
인다. 우리는 특히 공공행정에서 설정된 일반적인 구조의 중요성을 강조
하고자 한다. R&D 투자는 이러한 투자를 보호하는 효율적 정부 기구가 존
재할 때만 이루어질 것이다. 그것이 우리가 정부 효율성 지표를 설명변수
로 포함시킨 이유이다(World Bank Governance Indicators dataset). 나아가
서, 우리가 추가한 두 개의 다른 변수들은 R&D가 어디에서 진행되는가를
설명하는 데 중요한 역할을 한다.

1) GDP 가운데 제조업 비중(R&D는 주고 제조업 부문에서 실행되므로)
2) 독일과 오스트리아 더미변수로 이들 국가의 이중교육시스템 덕분에 설명변수로 사용

회귀분석의 결과는 표 2.1.에 나와 있다. 우리는 이 회귀분석이 R&D 투자에 대한 국가 간 차이점의 2/3 이상을 설명하고 있음을 알아냈다. GDP에서 제조업이 차지하는 비중은 매우 유의한 수치이며, 제조업 부분이 큰 국가, 즉 R&D 투자가 GDP의 4퍼센트 포인트 더 큰 국가는 GDP에서 0.2%P 더 많이 R&D에 투자한다는 것을 의미한다. 독일 및 오스트리아 더미변수도 역시 매우 유의하며, 이는 두 국가가 그 시스템이 없을 때 예상치보다 GDP의 0.5%를 R&D에 더 지출하고 있음을 의미한다. 그렇지만 분명히 고등교육 이수비율은 이 회귀분석에서 유의하지 않으며, 이것은 고등교육 이수비율이 정부 효율성과 관련되어 있다는 사실로 설명될 수 있을 것이다.

표 2.1. R&D 투자와 관련된 기타 제도적 변수

R&D	계수	표준 오차
고등교육 이수비율(15~64세)	0.01	0.02
정부 효율성	1.24***	0.24
제조업 부가가치	0.05**	0.02
오스트리아 및 독일 더미	0.54**	0.23
상수항	−1.25*	0.65
R−square	0.75	
표본 수	27	

주: *** $p<0.01$, ** $p<0.05$, * $p<0.1$, robust standard errors.
출처: INNODRIVE 자료와 Governance Indicators(Kaufmann et al., 2010)를 근거로 자체 추정.

고등교육 이수비율(30~34세에 해당하는)과 무형자본 투자의 관계를 분석하면 그림 2.13.과 동일한 모습이 그림 2.14.에 나타난다. 무형자본에 대한 투자 증대는 보다 높은 수의 고등교육 이수자들과 반드시 관련되어 있다.

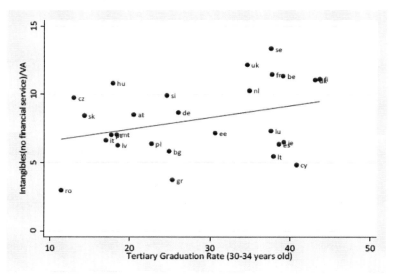

주: VA는 부동산 활동을 제외한 비농업 부문(c – k, o)에서 무형자산 투자로 인해 확대된 총부가가치 (GVA)를 나타낸다.

출처: INNODRIVE와 Eurostat 자료를 근거로 자체 추정.

그림 2.14. 고등교육 이수자 비율(30~34세)과 무형자본에 대한 투자의 산포도(2005년)

무형자본에 대한 투자의 결정요인

무형자본에 대한 투자의 국가 간 비교 결정요인들을 조사하는 것이 유용할 듯싶다. 예비 결과는 R&D에 영향을 미치는 변수들이 똑같이 무형자산 투자에도 영향을 미친다는 것인데, 예를 들면 무형투자에 가장 강력한 영향을 미치는 요인이 정부의 효율성이라는 점이다. 규제와 법률적 환경이 지적 재산권, 특허권, 상표권 등을 보호해 주는 정도에 따라 무형투자 수익률이 크게 좌우되기 때문에 이러한 결과는 타당하다. 이 결과는 무형자본에 대한 투자를 증진시키려는 노력이 특정 활동 장려시책에 기반을 두어서는 안 되며, 그보다는 행정, 사법부 등등의 효율성을 향상시키는 데 목표를 둘 것을 제안한다. 사전조사(예를 들면, 단순 OLS 회귀분석 결과인 표 2.2.를 보라)를 통해서도 아직 우리는 그 퍼즐을 풀어내지도 못하고, 정부 효율성과 무형자본 투자 사이의 인과관계를 실증적으로 분명하게 밝히지도 못하고 있다. 예를 들어, 더 부유한 국가들이 보다 효율적인 정부와 무형자산 투자를 더 많이 한다고 할 수도 있다. 이 문제들과 다른 질문들에 해결의 실마리라도 던져 주려면, 이 이슈에 대한 더 많은 연구가 필요하다.

표 2.2. 무형자본 투자에 영향을 미치는 그 외 제도적 변수들

무형자본(금융 서비스 없음)/VA	계수	표준 오차
정부 효율성	4.42***	0.84
고등교육 이수비율(15~64세)	−0.08	0.07
제조업 부가가치	0.15*	0.09
오스트리아 및 독일 더미	−1.93***	0.67
상수	1.73	2.31
R−square	0.59	
표본 수	27	

*** $p < 0.01$, ** $p < 0.05$, * $p < 0.1$

주: robust standard errors. VA는 부동산 활동을 제외한 비농업 부문(c−k, o)에서 무형자산 투자로 인해 확대된 총부가가치(GVA)를 나타낸다.

출처: INNODRIVE 자료와 Governance Indicators(Kaufmann et al., 2010)를 근거로 자체 추정.

2.5. 결론

　수많은 결론이 가능하다. 먼저, GDP의 3%를 R&D에 투자한다는 유럽 2020 혁신의 벤치마크는 불충분해 보이는데, 이는 R&D 역시 제조업 부문에 중점을 두고 있기 때문이다. 유럽 경제의 주된 활동은 서비스 부문에 관련되어 있기 때문에, 혁신에 대한 광범위한 개념, 즉 무형자본에 대한 개념을 사용해야만 한다. 둘째, 무형자본 변화에 대한 지수를 사용하면 유럽 경제에서 혁신 순위가 달라진다. 영국과 네덜란드, 벨기에 같은 국가들은 혁신 지표에서 평균 정도로 나타났지만, 지금은 혁신의 최상위 순위에 올라와 있다. 셋째, 지중해 국가들은 무형자산에 충분히 투자하고 있지 않다. 이것은 향후 10년 동안 이탈리아와 스페인 경제에 심각한 위협이 될 것이다. 넷째, 총 고정자본 구성에 무형자본을 고려하면 유럽 경제의 투자비율이 상당히 올라간다. 전체적 사업 투자는 이미 부유해진 국가들에서 더 높게 나타나고 있다. 다섯째, 현재 국가 회계 구조는 전통적인 제조업 경제에서 서비스 및 지식기반 경제로의 전환을 측정할 수 없다. 마지막으로, R&D와 무형자본에 대한 투자는 고학력 인구뿐만 아니라 효율적인 정부 기관 또한 필요로 한다.

고용의 목표

3

3.1. 최근 발전 현황

유럽 2020 전략 목표 가운데 하나는 20~64세 인구의 고용률을 69%에서 2020년 75%까지 끌어올리는 것이다. 그림 3.1.에서 드러난 대로, EU – 27개 국가에서 70%의 선은 2008년에 다다랐다. 그러나 2008년 9월 중순 Lehmann Brothers가 무너진 이후의 금융 위기 탓에 몰려온 경기 후퇴로 고용률은 2010년 68.6%로 주저앉았다. 고용률 저하는 꽤나 광범위하게 퍼져 나갔지만, 스페인이나 아일랜드 같은 국가에서는 물론 가장 강력했고, 예외적인 집값 거품 붕괴에 기인한 것이었다.

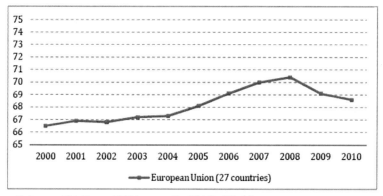

주: Eurostat 자료, Europe 2020 indicators를 바탕으로 자체 계산.

그림 3.1. 2000~10년 EU-27 국가에서 20~64세 인구의 고용률(%)

경제 불황이 심할 때, 고용률 저하는 실제로 중간 수준이었다(그리고 미국보다 더 작았다). 어느 정도 EU 회원국들의 사회 안전 시스템의 '충격 완화장치(shock absorbers)' 덕분이라는 점에 대해서는 많은 논쟁이 있었다. 그러나 고용률 저하가 GDP 감소보다 작다는 사실은 만일 유럽 경제가 불황에서 완전히 회복한다고 가정하더라도(이는 아직도 요원해 보인다) 고용률에서의 큰 반등을 기대해서는 안 된다는 점도 암시한다. 그림 3.2는 고용률 75%라는 목표가 유럽 회원국들의 엄청난 노력, 2000년부터 2010년까지 2.3%P의 실제 증가, 그리고 2011년부터 2020년까지는 6.4%P 증가가 이루어져야만 달성 가능하다는 것을 분명히 말해 주고 있다.

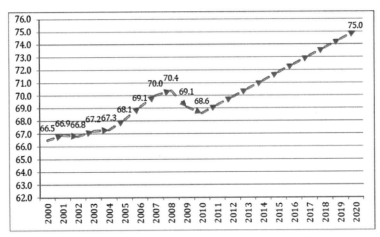

그림 3.2. 2000~20년 EU-27 국가에서 20~64세 인구의 고용률(%): EU 2020 목표
도달 전망

　　그림 3.3.은 EU-27 국가별 75% 고용률 벤치마크에 도달하는 데 필요한
발전을 강조하고 있다. 흥미롭게도 EU 내 가장 큰 경제인 독일이 이미 2009
년에 거의 75%라는 목표에 도달했으며 77%까지 단 2%P 증가라는 목표를
설정하였다.[1] 독일에서는 더 이상 진전될 것 같지 않기 때문에 충분히 활
용되지 않은 노동 잠재력이라는 측면에서 가장 큰 '보유고'를 가진 국가들
을 보다 면밀히 살펴봐야만 한다. 두 개의 가장 큰 지중해 경제, 이탈리아와
스페인의 경우가 그렇다. 이들 양 국가가 75% 고용률이라는 유럽 2020 전략
목표를 달성하려면 보다 더 많은 노력이 요구된다. 이탈리아에서 20~64세
인구의 고용률은 2010년 61.1%였으며 13.9%만큼 올라가야 한다. 스페인에
서는 이 고용률이 2010년 62.5%였고 2020년 75% 벤치마크(혹은 스페인 목표
인 74%)를 달성하려면 12.5%만큼 증가시킬 필요가 있다. 그렇지만 이탈리

---

1) 독일에서 창출된 일자리의 질에 관한 문헌에는 몇몇 논의가 진행되어 왔다. 하나는 새로운 독일
　인의 여러 일자리가 시간제(part-time) 직장이고 일시적인 고용으로 되어 있다는 시각이다(Pochet,
　2010 참조).

아는 75%를 이루려는 야심조차 갖지 않고 있어 67~69%라는 보다 낮은 목
표를 설정하였다.

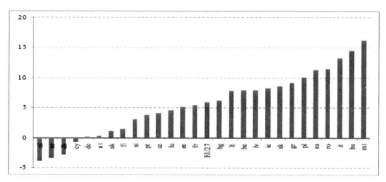

출처: Eurostat 자료, Europe 2020 indicators를 바탕으로 자체 계산.

그림 3.3. 유럽 2020 목표 도달에 요구되는 발전: 2009년 20~64세 인구 고용률의
　　　　벤치마크인 75%까지의 거리

　　이탈리아와 스페인의 고용률은 왜 그리 낮은 것인가? 성별 노동 참가율
을 보면 여성의 노동 참가율이 독일에서 실질적으로 증가한 반면, 스페인
과 이탈리아에서는 뒤처지고 있음이 드러난다. 구체적으로 여성 참가율이
독일에서는 69.6%나 되나 스페인에서는 겨우 55.8%이고 이탈리아에서는
50% 이하이다(49.5%). 이리하여 독일과 이탈리아의 여성 노동력은 20.1%나
차이가 난다.[2] 반대로 독일과 이탈리아의 남성 고용률의 차이는 겨우 7.3%
이다. 더욱이 이 차이는 저숙련(상위 중등교육 이하) 이탈리아 여성에게서
가장 두드러진다. 경제발전 관점에서 보면, 이탈리아와 스페인이 노동력
에서 여성의 비중과 기술수준을 향상시키는 것이 매우 중요할 것이다.[3]

---

2) 이탈리아의 경우, 암시장/회색시장에 더 많은 활동이 감춰진 경향이 매우 높다고 할지라도(De'll
　 Anno & Schneider, 2003), 이 자체로 독일과 이탈리아의 현격한 차이를 설명할 수는 없을 것이다.
3) 이 주장은 숙련도 향상에 관한 마지막 장에서 보다 자세히 논의한다.

비록 그림 3.1.에 나타난 EU - 27개 국가의 전체적 흐름이 금융 위기 이후 고용의 미세한 하락세를 보여주고 있기는 하지만, 이러한 고용 감소는 개별 유럽 국가로 보면, 특히 주변부와 핵심부 경제권 사이에 상당히 다른 양상으로 나타난다. 그림 3.4.는 아일랜드와 스페인이라는 두 개 주변국가의 11년간 추세를 보여주고 있는데, 이 양 국가는 실업률 증가(스페인에서는 2007년 7.8%에서 2010년 19.5%, 아일랜드에서는 2007년 4.3%에서 2010년 13.2%로 증가) 속에서(부동산 거품 붕괴로 인한) 실질 경기 하락으로 가장 힘든 시기를 보냈다.

출처: Eurostat 자료, Europe 2020 indicators를 근거로 자체 계산.

그림 3.4. 1999~2010년 주변 국가인 스페인과 아일랜드의 20~64세 인구 고용률(%)

그 당시 건설 경기 거품으로 인해 스페인은 1999년 57%에서 2007년 거의 70%까지 고용률을 끌어올렸다. 거품이 꺼졌을 때 고용률은 62.5%로 떨어졌다. 유사한 건설 붐과 거품 붕괴를 겪은 아일랜드도 20~64세 인구의 고용률이 1999년 68%에서 2007년 74%까지 올라갔고, 금융 위기의 파도 속에서 65%로 감소하였다.

스페인과 아일랜드에서 확인된 유사한 흐름은 발틱 3개국, 에스토니아, 라트비아, 그리고 리투아니아에서도 나타난다(그림 3.5.). 에스토니아와 라트비아의 고용률이 2008년 75% 이상의 수준까지 도달했지만, 2010년 금융 위기 이후 거의 10%나 떨어졌다. 스페인과 아일랜드와 마찬가지로 이러한 발전은 자산 가격 거품 때문에 일어난 것이었다.

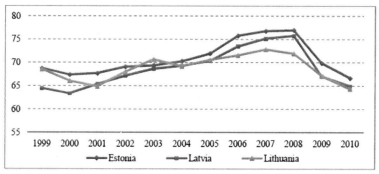

출처: Eurostat 자료, Europe 2020 indicators를 근거로 자체 계산.

그림 3.5. 1999~2010년 발틱 국가의 20~64세 인구 고용률(%)

이에 비해 두 거대한 유럽 경제인 프랑스와 독일에서는 그 고용률의 흐름이 다르게 진행되었다. 프랑스가 20~64세 인구의 고용률을 꾸준하게 66%에서 70%로 끌어올린 반면, 독일은 2004년 67%에서 2010년 75%까지 8%를 증가시켰다. 게다가 독일의 고용률은 실제로 금융 위기 이후에도 신장되었다(그림 3.6.). 이는 대체로 국가가 여성 노동력을 거의 70%까지 확대하려 노력했다는 사실과 관련이 있다. 더 나아가서 기술수준의 향상과 적극적인 노동시장 개혁(다음 절에 나오는 표를 보면 추론이 가능)의 조합이 독일 고용률 증가의 주된 요인이었던 것으로 보인다.

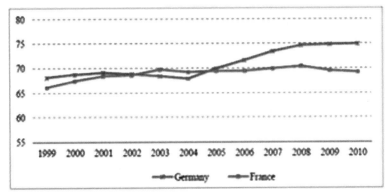

출처: Eurostat 자료, Europe 2020 지표를 근거로 자체 계산.

그림 3.6. 1999~2010년 독일의 20~64세 인구 고용률(%)

3.2. 기술수준 향상으로 인한 75% 고용 달성: 사고 실험

앞서 간단히 언급한 대로, EU의 고용률 증가를 위한 최선의 방법은 기술 수준을 올리는 것으로 보인다. 이 같은 방법으로 얼마나 증대시킬 수 있는 가를 보여주기 위해서, 우리는 전체 EU - 27개 국가 인구에 대한 몇 가지 결론을 보여주는 것으로 시작하여 성별 고용률을 논의할 것이다. 후에 우리는 국가별 사례로 돌아가서 유럽 경제를 미국과 비교하는 것으로 끝맺음을 하려 한다.

우리 방법론을 설명하기 위해, 먼저 지난 10년 동안 무엇이 일어났는가를 분석한다. 표 3.1.은 2001년부터 2010년 사이, 즉 리스본 과정 진행 시기에, EU - 27 국가의 20~64세 노동력 구성이 어떻게 변화하였는지를 보여준다. 전체적으로는 2001년에서 2010년 사이에 고용률이 66.9%에서 68.6%로 1.7%P 증가하였다. 이 증가는 어떻게 나왔는가? 표의 우측에 보고된 기술 등급별 고용률을 본다면 크게 변화하지 않았으며, 세 가지 경우 가운데 둘은 2001년부터 2010년까지 실제로는 감소하였음을('상위 중등 이하', '상위 중등', '고등' 교육 등 3개 부분에 대해 각각 - 1.8%, 0.2%, - 0.5%) 파악할 수 있다. 이러한 수치들은 노동시장 개혁이 EU – 27개 국가의 고용률에 평균 적으로는 아무런 유의한 영향을 미치지 못하였음을 암시한다. 고용률과는 반대로 2001년부터 2010년 사이 상대적으로 안정적이었던 기술 분포에서 는 실질적인 변화가 관찰되었다. 상위 중등교육을 받은 인구가 1.2% 증가 하고 고등교육인구가 6.0% 늘어난 반면, 상위 중등교육 이하의 인구 비중 은 7.2% 감소하였다. 이제 표 3.1.은 노동시장 개혁보다는 기술 향상이 지난 10년에 걸쳐 EU가 조금이나마 발전한 데에 기여했다는 것을 보여준다(10 년 동안 고용률은 고작 1.7% 증가).[4]

표 3.1. 교육과 고용: EU–27 국가에서 리스본 전략 이래 무엇이 향상되었는가?

구분	인구 점유율(%)*			취업률(%)*		
	2001	2010	변동	2001	2010	변동
상위 중등교육 이하	33.9	26.7	−7.2	55.2	53.4	−1.8
상위 중등교육	47.4	48.6	1.2	69.7	69.9	0.2
고등교육	18.7	24.7	6.0	82.9	82.4	−0.5
전체 비율	na	na	na	66.9	68.6	1.7

* 20~64세
출처: Eurostat 자료. Europe 2020 지표를 근거로 자체 계산.

이 조사에 따르면, 간단한 사고실험을 통해서 EU – 27 노동연령 인구의 교육수준을 높이는 방법을 통해서 75%의 고용률을 달성하는 데 얼마만큼 의 기술 향상이 필요한지를 파악할 수 있다.

2020년까지 달성 가능한 고용률에 대해 어느 정도 근거를 가지고 추측 해 보자면, 기술등급에 따라 고용률에 대한 두 가지 시나리오를 생각할 수 있다.

---

4) 이러한 증가는 업무의 질을 나타내지 않으며, 실제로 업무의 질적 수준은 꾸준히 낮아졌다(Pochet, 2010 참조).

ⅰ) 바람직한 시나리오는 성장률이 되돌아가고 EU가 기술등급에 따른 고용률이라는 측면에서 이전 호황기의 정점, 즉 2007년에 이룩했던 동일한 상태에 다다르는 것이다. 우리는 이 시나리오를 '호황시기로 되돌아가기(return to the boom years)'라고 부른다.

ⅱ) 보다 현실적인 시나리오는, 유로 위기가 다수의 회원국에 압력을 가하고 그리고 다른 거대한 금융 위기로부터의 경험에서 경기회복은 대개 더디고 불완전하다는 것을 알게 된 상황에서, 2010년의 기술등급에 따른 실업률은 실제 영구적인 상황을 반영한다는 것이다. 우리는 이 시나리오에 '지금과 차이 없음(this time is no different)'이라는 이름을 붙인다.

그 다음 요인은 노동연령 인구의 기술등급 향상의 속도에 대한 경험적 추측이다. 고등교육 등록률이 지난 10년간 꽤 증가하였기에 EU의 노동연령 인구의 기술 구성이 2020년까지 지속적으로 향상된다는 것은 이미 분명해졌다. 정확하게 얼마만큼 향상될 것인가를 예상하기는 어렵지만, '평상시대로(business as usual)', 예를 들면 2000~10년에서 관측된 업그레이드가 2010~20년에도 반복될 것이라는 가정은 매우 유용할 것이다. 이 가정은 개연성 있는 결과이다. 2020 전략이 고등교육과 중퇴자에 대한 목표치를 갖고 있다는 것을 기억하자면, 만일 이 두 목표가 달성되고 전체 노동연령 인구의 특성을 나타낼 만큼 충분히 오랫동안 유지된다면 과연 고용률이 얼마나 되어야 하는가라는 질문을 하게 될 수도 있다. 다시 말해, 상위 중등교육수준 이하 비율이 단지 10%이면서 고등교육 비율이 40%에 이른다는 뜻이다. 이러한 결과를 얻으려면 아마도 2050년까지 걸릴 듯싶다.

표 3.2. 고용률 75%라는 유럽 2020 목표 달성 방법: 사고 실험

구분		교육수준에 따른 취업률	
		경기 회복	지금과 차이 없음
2020년까지 교육수준에 따른 노동연령 인구 구성	평상시	72.5%	70.5%
	2020년 목표	75.1%	73.3%

출처: Eurostat를 근거로 자체 계산.

표 3.2의 4개 항목은 이 시나리오들에서 가능한 4개 조합하에서 예측할 수 있는 결과이다. 고용률 75%라는 2020 목표는 오직 전체 고용조건이 2007년 호황기로 되돌아가서 충분한 시간이 흘러 2020 전략의 고등교육 비율이 전체 노동연령 인구를 특징지을 수 있게 될 때만이 도달 가능하다는 것은 분명하다. 지난 10년과 동일하게 향후 10년간 노동연령 인구의 업그레이드가 진행될 것이라는 '평상시대로' 시나리오에 따르자면, 고용률은 2007년 호황기의 조건으로 되돌아가면 고용률이 다소 향상되겠지만, 겨우 72.5%로 올라갈 뿐이다. 만일 경기순환이 상당히 개선되지 않는다면, 고용률은 현재 수준(68.6%)에서 70.5%로 다소 올라는 가겠지만 유럽 2020 목표는 확실히 실패하고 만다. 노동시장의 중대한 개혁이 수행될 때에만 2020 고용률 목표에 도달할 수 있음을 이미 지적한 바 있다.

3.3. 성별 분류: 차이가 있는가?

그렇지만 지금까지의 계산은 전체 합계수치에 기반을 둔 것이었다. 앞서 언급한 바대로, 교육받지 못한 여성들이 가장 낮은 고용률을 기록하고 있다. 이것은 우리의 계산이 성별로 구분하는 것에 유용하다는 것을 의미한다. 표 3.3.의 결과는 우리의 가설을 입증해 주고 있다.

표 3.3. 노동력 중 여성의 교육과 고용: 리스본 전략이 EU-27 국가에서 진행된 이래 무엇이 향상되었는가?

구분	인구 점유율(%)*			취업률(%)*		
	여성/남성			여성/남성		
	2001	2010	변동	2001	2010	변동
상위 중등 교육 이하	36.3/31.5	27.3/26.1	-0.9/-5.4	43.1/69.2	43.2/64.1	0.1/-5.1
상위 중등교육	45.6/49.1	47.0/50.3	1.4/1.2	62.6/76.3	63.8/75.6	1.2/-0.7
고등교육	18.1/19.4	25.7/23.6	7.6/4.2	78.6/86.9	79.2/85.9	0.6/-1.0
전체 비율	na	na	na	58.0/76.0	62.1/75.1	4.1/-0.9

* 20~64세

출처: Eurostat 자료, Europe 2020 지표를 근거로 자체 계산.

유럽 노동력 가운데 여성 인구의 기술 향상은 남성 인구에서보다 더욱 효과적이라고 판명됐다. 2020년 상위 중급교육 이하의 교육을 받은 여성들은 대략 43%라는(따라서 표 3.1.에서 전체 고용률 53%보다 낮다) 일반적 고용률을 갖는 반면, 상위 중등교육을 받은 여성들의 고용률은 실질적으로 20.6% 상승한다(43.2%에서 63.8%로). 고등교육을 받은 여성의 고용률은 15.4% 더 올라간다(63.8%에서 79.2%로). 15.4%의 증가는 남성의 전체 12.5%와 10.3%보다도 더 현저하게 높다. 전체적으로 고용률은 상위 중등 이하 교육에서 상위 중등교육으로 여성에 대한 교육을 향상시킴으로써 가장 크게 신장될 수 있을 것이다. 2001에서 2010년까지 일어났던 상황이 정확하게 이런 경우이다. 표 3.3.은 상위 중등 이하의 교육에서 9%P 기술 향상으로 이 기간에 전체적으로 여성 고용률이 4.1%P 증가하였음을 명확하게 보여준다(남성의 경우 대략 1%P 하락한 것과 비교해서).

혹자는 이 순간 이러한 주장이 미국에서도 유효한가를 궁금해할지도 모르겠다. 그림 3.7.에서 추론할 수 있는 바와 같이, 상위 중등교육 이하와 상위 중등교육 사이의 동일한 큰 격차가 미국에서 발견된다. 기술 등급과 시간에 따른 격차에 대한 유럽과 미국 사이의 유사성은 실제로는 꽤나 놀라운 것이다. 여러 경우에서, EU를 나타내는 진한 회색 선은 미국을 표시하는 옅은 회색의 선보다 위에 놓여 있다.

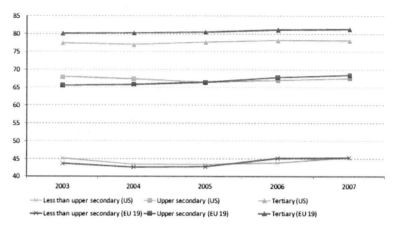

* 20~64세
주: EU-19개 국가: 오스트리아, 벨기에, 체코공화국, 덴마크, 핀란드, 프랑스, 독일, 그리스, 포르투
　　갈, 헝가리, 아일랜드, 이탈리아, 룩셈부르크, 네덜란드, 폴란드, 슬로바키아, 스페인, 스웨덴, 영국.
출처: OECD Unemployment Overlook 2005~09.

그림 3.7. 미국과 유럽의 일반 여성 고용률 비교

3.4. 미국과 유럽연합: 차이점은 어디에 존재하는가?

표 3.4.는 교육과 고용 측면에서 유럽과 미국의 인구 비중(25~64세)을 비교하고 있다. 미국이 EU-27에 비해 높은 고용률을 유지하기 위해 얼마나 애를 쓰고 있는지가 분명하게 드러난다. 주요 차이점은 노동력의 기술 구성에서 발견된다. 미국은 상위 중등 이하 교육인구를 여성과 남성 각각 5.5%와 6.9%로 낮추려 노력했던 반면에, 유럽은 30.8%와 27.9%를 여전히 갖고 있다. 미국이 고등교육 비율을 41.7%와 38.7% 이루는 동안, 유럽은 겨우 23.8%와 23.3%에 이르렀을 뿐이다. 따라서 미국과 EU의 고용률의 차이는 분명 노동력의 기술 구성의 차이에서 기인한다.

표 3.4. 2007년 유럽연합과 미국의 교육과 고용 비교

구분	인구 점유율(%)		취업률(%)	
	여성/남성*		여성/남성*	
국가	EU-27 국가	미국	EU-19 국가	미국
상위 중등교육 이하	30.8/27.9	5.5/6.9	45.4/70.4	45.4/69.2
상위 중등교육	45.4/48.8	52.8/54.4	67.6/81.2	67.6/79.7
고등교육	23.8/23.3	41.7/38.7	81.9/88.8	78.1/89.1
전체 비율	na	na	63.6/79.9	69.2/83.5

* 20~64세

주: EU-19개 국가: 오스트리아, 벨기에, 체코 공화국, 덴마크, 핀란드, 프랑스, 독일, 그리스, 포르투갈, 헝가리, 아일랜드, 이탈리아, 룩셈부르크, 네덜란드, 폴란드, 슬로바키아, 스페인, 스웨덴, 영국.

출처: Eurostat 자료, Europe 2020 지표, OECD 실업 보고서(OECD Unemployment Overlook), 그리고 미국 인구 통계(US census Bureau)를 근거로 자체 계산.

우리는 노동시장 개혁보다는 기술 향상이 EU의 고용률을 증가시킬 것이라고 주장해 왔으며, EU-27개 국가 표본을 사용하여 우리의 가설을 확증하였다. 그렇다고 이것이 노동시장 개혁이 고용률을 신장시키지 않는다는 것을 의미하는가? EU안의 개별 국가에서는 확실히 그런 의미를 진달하지 않는다. 표 3.5.는 스페인과 독일 양국 사이의 단순 비교를 통해 EU 내 다양한 경제 사이에 내재하는 차이점들을 그 예로 보여준다. 2010년 스페인 인구의 46.6%는 상위 중등 이하의 교육을 받고 있지만 독일에서는 고작 15.3%만이 그 수준에 남아 있었다. 상위 중등교육에서도 독일의 비율(60.2%)에 비교해서 스페인은 현저하게 더 낮은 비율(23.6%)을 갖고 있었다. 기술 향상 및 노동시장 개혁에 대한 주장과 관련되어 보다 더 중요한 점은 독일의 전체 고용률 5.8% 증가가 대체 성공적인 노동시장 개혁에서 비롯된다는 사실이다. 스페인에서 상위 중등 이하 교육인구의 일반 고용률이 3.8% 하락한(금융 위기 가운데 스페인의 부동산 거품 붕괴로 생겨남) 반면 독일에서는 2.8%가 증가했다. 게다가 독일의 상위 중등 및 고등교육의 일반 고용률도 신장되었다.

표 3.5. 스페인과 미국의 교육과 고용: EU-27 국가에서 무엇이 향상되었는가?

구분	인구 점유율(%)*			취업률(%)*		
	스페인/독일*			스페인/독일*		
연도	2001	2010	변동	2001	2010	변동
상위 중등 교육 이하	56.7/18.3	46.6/15.3	−10.1/ −3.0	56.1/53.2	52.3/56.0	−3.8/2.8
상위 중등교육	19.8/59.9	23.6/60.2	3.8/0.3	61.3/70.0	63.7/74.9	2.4/4.9
고등교육	23.5/21.8	29.8/24.5	6.3/2.7	77.0/83.2	77.6/86.7	0.6/3.5
전체 비율	na	na	na	62.0/69.1	62.5/74.9	0.5/5.8

* 20~64세

출처: Eurostat 자료, Europe 2020 지표를 근거로 자체 계산.

3.5. 결론

　몇 가지 결론이 도출될 수 있겠다. 첫째, EU의 기술 향상은 고용률 신장의 열쇠로 보인다. 독일의 경우에서처럼, 노동시장 개혁은 성공적일 수 있지만, 전체적인 분석에서 EU - 27 국가 평균 고용률 증가라는 측면에서 보면 그러한 개혁은 중대한 영향을 가졌던 것으로 보이지는 않는다. 둘째, 2001년에서 2010년까지 이루어진 (적은) 고용률 증가는 상당 부분 상위 중등 이하에서 상위 중등교육으로의 여성 기술 향상에 의해 이루어진 것으로 보인다. 상위 중등 이하의 교육을 받은 여성과 상위 중등교육을 받은 여성의 고용률은 그 간극이 특히 크게 벌어져 있다. 이것은 두 개의 거대한 지중해 경제인 스페인과 이탈리아의 여성 노동력 안에(지금까지 불완전 고용 상태인) 유럽의 주요 고용 잠재력이 놓여 있음을 암시한다. 두 경제와 유럽이 그 노동력 가운데 여성의 실질적 기술 향상을 도모한다면 대단한 이득을 볼 것이다. 셋째, 이 엄청난 경기 불황 이전 미국은 이미 교육에 관한 2020 목표를 달성했기 때문에, 그 고용률이 EU의 고용률보다 높았다.

교육의 목표

4

앞서 논의된 바대로, 교육은 혁신뿐만 아니라 고용률에 있어서, 특히 저학력 여성 노동력의 기술 향상의 측면에서 핵심적인 전제조건으로 보인다. 그렇지만 무엇이 숙련 노동자들을 특별하게 만드는가? 기술이 숙련 노동자를 보완하고 비숙련 노동자를 대체하는 만큼 숙련 노동자들을 선호하고, 비숙련 노동자들을 좋아하지 않는 쪽으로 편향되어 있다는 것이 기본적인 생각이다. 즉, 기술의 진보는 숙련노동에 대한 수요를 증가시키고 비숙련 업무에 대한 요구를 줄이는 경향이 있다. 이러한 현상을 '숙련도에 기반을 둔 기술적 변화'라고 부른다.[1] 이러한 현상은 새로운 기술을 더 빨리 더 쉽게 받아들인다는 교육받은 젊은이들에게는 더 잘 적용된다.

그러므로 유럽 2020 전략은 교육이란 주제를 바로 눈에 띄는 위치에 제대로 가져다 놓았다. 교육이 경제성장에 필수적인 요인이라는 점은 광범

---

1) 이에 대한 문헌은 광대하다. 예로 Golding & Kats(2007, 2008), Acemoglu(1998), 그리고 Autor et al.(1998) 참조.

위한 연구에 의해서 실증적으로 증명되었다.[2] 보다 자세히 살펴보면, 유럽 2020 전략은 EU – 27개 국가에서 30~34세 연령 인구 가운데 고등교육 이수 비율을 40%로 예상했다. Roth & Thum(2010a)이 지적했듯이, 그리고 그림 4.1.에서 추론한 바대로, 최소한 새로운 고등교육자들 사이에서 엄청난 질적 하락이 발생하지 않고서는 두 개의 거대 경제인 독일과 이탈리아는 40%라는 고등교육 이수비율의 목표를 달성하기가 매우 어려워 보인다. 보다 구체적으로, 이탈리아는 40%라는 목표치를 맞추려면 그 비율을 두 배로 만들어야만 한다. 그러므로 국내 목표가 고작 26~27%라는 것은 놀랍지도 않으며, 이러한 수치는 약 25~30%만 끌어올리면 가능하다. 독일은 고등교육 이수비율을 10.2%P 증가시키거나, 대략 3분의 1(이탈리아의 국내 목표와 비교 가능한)을 끌어올려야만 할 것이다. 다른 국가들은, 예를 들어 오스트리아나 그리스의 경우 유사한 증가세를 필요로 한다(국가 목표치를 더 자세히 보려면 부록의 표 A.1. 참조).

그러나 EU – 27 국가들이 전체적으로 고등교육 이수비율의 목표에 얼마나 쉽게 도달하게 될 것인가? 그림 4.2.에서 드러난 대로, 현재 추세대로라면 그 목표는 2020년까지 달성되어야만 한다. EU – 27 국가들은 2000년부터 2010년까지 그 비율을 11.2% 증가시키는 것에 성공했기에, 2011년부터 2020년까지의 동일한 10년이라는 기간 동안 6.4%를 더 끌어올리려 하고 있다.

---

2) 비록 일부 연구가 인적 자본과 경제성장과의 유의한 정의 관계에 의문을 표하지만(예로 Pritchett, 2011), 대다수 실증연구 결과는 교육수준과 경제발전 사이의 정의 관계를 지지한다(Barro, 1991; Barro & Sala‐i‐Martin, 2004; Krueger & Lindhal, 2001; Bassanini & Scarpetta, 2001). 일례로, 최근 연구는 교육과 경제 성장 사이가 정의 관계로 나타나지 않는(non‐positive) 이유는 대개 자료의 질이 좋지 않기 때문이라고 주장한다(De la Fuente & Dom‐nnech, 2006). 그러므로 양질의 자료를 사용하면 교육과 성장 사이의 정의 관계가 강건하게 나타날 수 있다. 이러한 정의 관계는 평균 교육 연수와 같은 양적 자료를 사용할 때뿐만 아니라 PISA test와 같은 질적 자료를 사용할 때도 되풀이될 수 있다(Hanushek & Wößmann, 2007).

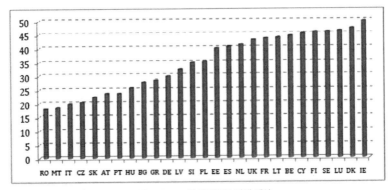

출처: Eurostat 자료, Europe 2020 indicators를 바탕으로 자체 계산.

그림 4.1. 2010년 EU-27 국가의 30~34세 인구 중 고등교육 학력성취의 비율(%)

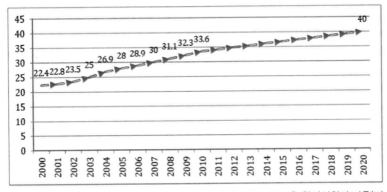

그림 4.2. 2000~20년 EU-27 국가의 30~34세 인구 중 고등교육 학력성취의 비율(%):
EU 2020 목표 도달 예상

양적 측면에서 교육의 벤치마크(유럽 위원회가 40%로 규정한 대로)를 강조하는 것이 올바른 것이라는 반면에, 교육의 양적 측면에만 강조를 두는 것은 지나치게 편협해 보인다. Gros & Roth(2008)가 교육의 양과 질을 경합시키는 통합 지수를 구성할 것을 제안했던 이유가 바로 그것이다. 그림 4.3.은 최신 PISA 연구에서 나온 자료로 만든 통합 지수를 보여주고 있다.[3]

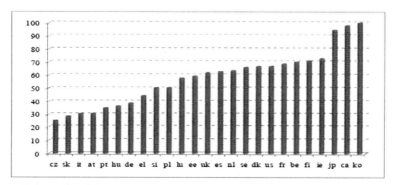

출처: OECD(2009)와 PISA 2010 - 양적 지수에 대한 자료는 2007년부터, 질적 지수에 대한 자료는 2009년부터임.

그림 4.3. 양적 교육 척도 및 질적 교육 척도를 포괄하는 통합 지수(composite indicator)

Gros & Roth(2008)가 일찍이 강조했던바, 유럽 경제는 한국과 캐나다, 일본이라는 OECD 3개 국가보다도 뒤처져 있다. EU - 15 국가 중 독일과 오스트리아, 포르투갈, 이탈리아는 모두 분포도에서 하위 삼분위에 자리 잡고 있다. 고등교육 이수비율은 낮고 PISA 테스트 결과도 평균이거나 더 낮다. 이탈리아의 낮은 교육 성과는[4] 특별한 걱정거리 그 이상이라고 누군가 지적해야만 한다. Roth & Thum(2010a)이 보여준 대로, 공학도들과 과학에서의 PISA 결과를 관찰해 보면 유사한 그림이 드러난다.

통합 지수에 대한 두 개의 비판을 짚어 보자.

첫째, 다른 나라에서는 직업교육으로 채워질 수 있는 자격요건이 어느 국가에서는 고등교육 학위로 요구된다면(예를 들면, 독일과 오스트리아의 '이중 시스템' 아래서 행해지는 것처럼), OECD 통계가 사과와 오

---

3) 예를 들어, "국제 학생 평가를 위한 OECD 프로그램(OECD Programme for International Student Assessment)"을 OECD 웹사이트에서 볼 수 있다(http://www.oecd.org/document/61/0,3746,en_32252351_32235731_46567613_1_1_1_1,00.html).

4) 이탈리아에서 북부와 남부지역은 확연히 구별해야만 한다. 북부지역과 반대로 이탈리아 남부지역은 사회적 자본의 수준이 낮으며 이는 저조한 교육 성과와 연관이 있다.

렌지를 비교하는 것이 아닌가 하는 질문이 제기될 수도 있다. 직업교육을 포함하면 한편으로는 독일과 오스트리아의 격차 그리고 다른 한편으로는 OECD 국가와 유럽의 나머지 국가 사이의 격차는 채워지지 않을까? 30~34세 인구의 제3차 교육 이수비율의 40% 벤치마크를 달성하는 데 남은 그 간극은 메워지게 되지 않을까?

이러한 이슈에 대한 의견은 분명하게 나누어져 있다. 예를 들면, Zimmerli(2009)는 전통적 제조업은 실용성에 보다 집중하는 과학과 더불어 과학적 및 지식기반 적용에 의해서 더욱 강력하게 지배되는 경향이 있다고 주장한다. 주된 주장은 독일과 오스트리아의 이중 시스템에 대한 밝은 미래에 반대하는 것이다. 그러나 노동 전문화의 글로벌 사슬로 연결되어 있음을 고려해야만 한다. 제조업과 점진적 혁신은 확실히 중국이나 인도, 브라질 등 신흥시장들이 앞질러 가게 될 것이다. 이 국가들은 값싸고 풍부한 노동력을 제공하며 앞으로 몇 십 년 동안은 아마도 서구 수준까지 임금을 증가시키게 될 것이다. 이 시기부터 대부분의 제조업 생산(전문 및 비전문화된)은 매우 발전된 경제에서보다 이들 국가에서 여전히 훨씬 저렴할 것이다. 현재 유럽의 사회적 모델을 복지국가 메커니즘을 통한 현저한 재분배로 확실하게 다지기 위해서, 유럽 경제는 서서히 그 사회와 경제를 보다 지식주도 생산과 서비스로 변화시켜야만 한다. 미래 지식주도 생산은 노동력의 지적 능력에 더욱더 많이 의존하게 될 것이다. 노동력의 장기교육과 대학교육의 틀 안에서 고도의 지적 능력 확립(앞으로는 더 강력한 이론적 능력이 요구된다)에 대한 투자는 미래의 경제적 부를 담보해 주는 최선의 방법 가운데 하나로 비친다.

유럽의 미래 재산은 무형자본, 특히 노동력의 지적 능력에 대한 상당한 투자에 크게 달렸다는 시각을 회원국 및 유럽 정책 입안자들은 성의 없게

만 받아들이고 있다. 현존하는 사회적·경제적 구조를 다루는 일상적인 업무에 짓눌려 있는 정책입안자들과 조언자들은 무형자본을 계속해서 평가절하하면서 투자를 제대로 하지 않고 있다. 위 내용에서 하나 좋은 예는 독일과 오스트리아 정부가 30~34세 인구의 교육 이수비율 40%를 충족시키지 못하는 무능력에 대응했던 방식이다. 비록 직업교육이 고등교육 통계에 포함된 것으로 보이지 않는다는 지적이 올바름에도 불구하고(De La Fuente & Doménech, 2006 참조. 이들은 독일의 최고 인적 자본 축적이 직업교육에서 비롯되었다고 한다)40%의 벤치마크 달성을 위해 독일과 오스트리아가 택한 실용적인 해법이라는 것은 기껏해야 반신반의할 정도이다. 양쪽 정부 모두 40%의 벤치마크를 달성할 수 없을 거라 기대하기 때문에 그 목표치를 이미 달성했음을 반영하도록 통계적 분류를 단순히 바꾸었던 것이다. 공식적인 발표에 덧붙여(유럽 위원회, 2011a를 보라), 양측 정보는 ISCED 등급 5위에 ISCED 4a를 추가하고, 양 국가 모두 이미 40%의 교육 벤치마크에 도달했다는 결과를 덧붙였다.

물론 오스트리아와 독일이 이중 시스템의 중요성을 강조하는 데에는 일리가 있다. 그렇지만 단지 주요한 지표를 변경하는 것이 현명한 것인가는 의문이다. 목표 실행은 공통의 통계 틀과 지수 전체를 요구한다는 의미에서 이러한 행위는 전체 유럽 2020 벤치마크 실행의 토대를 허무는 위험을 감수하고 있는 것이다. 비록 ISCED 등급이 앞으로 바뀌게 될 가능성이 높지만,[5] 독일과 오스트리아가 비교 가능한 지표들을 사용하는 것이 바람직해 보인다. 그리하면 두 국가는 그들 사례를 주장할 수 있게 된다(즉, 이

---

5) UNESCO 통계 연구소(UNESCO Institute for Statistics) 웹사이트의 기사, "ISCED: 교육 국제 표준 등급(ISCED: international Standard Classification of Education)"(UNESCO, Montreal) 참조(http://www.uis.unesco.org/Education/Pages/international - standard - classificationof - education.aspx).

중 시스템이 고등교육에 해당한다는 주장). 이 때문에 양 국가의 교육 시스템의 성과를 자세히 들여다보게 되고 부족함, 예를 들면 중등교육 학생들의 성과 및 고등교육 졸업생이 상대적으로 저급한 수준이라는 관점에서 양 국가가 갖는 모자란 점을 적절하게 분석하게 되기 때문에, 그들의 사례를 주장하는 것이 실제로는 그들 자신에게 유용할 수도 있다. 특히 이중 시스템에 의해 창출된 특정 인적 자본이 고등교육으로 전달된 보다 일반적인 지식층에 해당하는지를 질문해 봐야 한다. 빠른 변화가 일어나고 있는 세계 경제 상황에서, 후자가 보다 더 중요해질 것이다.

우리가 만든 통합 지수에 대한 두 번째 비판은 이 지수가 고등교육의 질에 관한 이슈를 고려하지 않고, 단순히 중등교육의 질만 고려하고 있다는 점이다(PISA 테스트 결과를 사용하기 때문). 고등교육 이수비율뿐만 아니라 대학의 질도 고려하는 통합 지수가 바람직했을 것이다. 교육의 질에 대한 일부 지수들이 존재하지만, 중등교육에 대한 PISA 연구와 같은 경우 고등교육에는 해당되지 않는다. 이런 이유로, Roth & Thum(2010a)은 고등교육 이수비율과 세계 대학 순위(Academic Ranking of World Universities)를 바탕으로 하는 통합 지수 개발을 시작했다.[6] 이 중 어떤 것은 2020 전략에 유용하게 포함될 수 있을 것이다.

---

6) ShanghaiRanking.com의 Academic Ranking of World Universities 2011 웹사이트 참조(http://www.arwu.org/ARWU 2009.jsp).

4.1. 고숙련자(highly-skilled)들의 수요와 공급

우리는 높은 교육수준을 가진 개인의 고용률이 저숙련자의 고용률보다 더 높다는 것을 보았다. 그러나 미래에는 지나치게 많은 대학졸업자들이 자신의 자격조건이 유용하지 않거나 혹은 자격 과잉의 일자리를 받아들여야만 하는 위험은 없는가?

최근 연구에 따르면, 고급 숙련 노동자들에 대한 수요는 항상 증가하는 것으로 보이기 때문에, 이런 일이 일어나지는 않을 것이라고 한다. 메템플리스 계획(Metemplis project)을 위한 CEPS의 특별 연구에서 보고된 대로, 표 4.1.은 유럽 직업교육발전센터(European Center for the Development of Vocational Training)의 숙련도에 따른 인력요구 계획의 결과를 보여주고 있다(Begg at al., 2010).

표 4.1. 숙련도에 따른 노동 수요(총수요 대비 비중, %)

구분	1996	2001	2006	2010	2015	2020 추정
낮음	32.9	27.0	26.2	23.6	20.8	18.2
중간	46.2	49.9	48.6	49.5	49.9	50.1
높음	20.9	23.0	25.3	27.0	29.3	31.7

출처: Begg et al.(2010).

이 연구는 고급 숙련 노동자들에 대한 수요는 증가하는 추세(1996년과 2010년 사이 노동력의 21%에서 27%로 늘어났다)라는 결론에 도달했으며, 2020년까지 증가했을 때의 예측은 표 4.1.에 나와 있다. 흥미로운 점은 중급 숙련자에 대한 수요가 전체의 약 50% 정도로 일정하다고 전망한 것이다. 그러는 동안 저숙련자에 대한 수요와 고숙련자에 대한 수요는 1996년부터 2020년 사이에 교차가 일어난다. 저숙련자에 대한 수요는 1996년 전체의 약 32%를 구성하는 반면, 그 비중은 2020년까지 약 18%로 하락이 예상된다. 동일 기간 고숙련자에 대한 수요는 대략 전체 21%에서 32%까지 증가할 것이다. 이러한 전망은 이 지역 내 2020 목표에서 대학 졸업자의 과잉 공급이 초래될 위험은 거의 없음을 의미한다.

이러한 견해는 노동력 공급과 수요를 비교하는 이 연구를 통해서 확증된다. 결론은 리스본 전략이 형성된 시점에서 저숙련 노동자의 과잉공급과 고숙련 노동자의 공급 부족이 있었다는 것이다. 그래도 이러한 불일치의 정도는 2000년에서 2007년까지 상당히 감소되었다. 미래 수요의 증가가 예상되고 고등교육을 받은 신세대 노동력으로의 유입이 제한적이기 때문에 수요와 공급 사이의 대략적인 전체 균형은 유지되어야만 한다. 표 4.2.(Meteplis 프로젝트에서 도출된)는 저숙련자의 과잉공급이 조금 남아 있는 상태가 잠재적으로 계속된 중(급) 숙련자의 부족 그리고 고숙련자에 대한 대강의 균형과 중첩되어 나타나게 될 것임을 보여준다.

표 4.2. 숙련도에 따른 노동 공급(예상 및 추정 수요 대비 비중, %)

구분	2000	2007	2013	2020
낮음	120.7	117.1	111.3	106.8
중간	100.7	105.3	102.8	96.6
높음	91.8	98.8	104.2	100.8
전체	104.3	106.7	105.1	99.8

출처: Begg et al.(2010).

이와는 별도로, 만일 기술 불일치의 전반적인 정도가 다가올 10년 동안 상당히 감소된다고 하더라도, 2006년에서 2020년까지 전체 노동시장의 움 직임이 지식집약 경제로의 강력한 전환뿐만 아니라 1억 개의 일자리 혹은 매년 800만 개 이상의 일자리에 관련된 전체 노동시장의 이행을 나타내고 있음을 주목해야 한다. 매년 800만 개라는 수치는 노동자의 동일 범주나 직 업 내에서 이 직장으로부터 다른 직장으로의 전환을 포함하지 않는다는 것 또한 염두에 두어야 한다. 결과적으로, 이 기간 노동시장 내 전체 이동의 크기는 매년 800만 일자리의 총 이동보다 상당히 높게 나타날 것으로 예상 되며, 이는 전체 노동력의 약 10%가 일 년간 이동하는 양에 해당한다.

더군다나 매우 잠정적인 추정에 따르면, 자격을 갖춘 숙련된 노동자가 전체적으로 부족한 상황은 곧 흡수될 터이지만 이것이 결코 과학자나 엔 지니어의 부족 가능성을 배제하지는 못한다.

4.2. 교육의 양과 질에 대한 제고

　　그림 4.4.는 2010~11 타임스 고등교육 세계 대학 순위(Times Higher Education World University Rankings)의 최신 자료를 보여주고 있다. 강의와 연구에서부터 지식 교환에 이르기까지 13개 지표들을 사용하여 순위를 매긴다. 고등교육 기관에 관해서라면, 이 순위는 미국의 두드러진 역할을 분명하게 보여준다. 15개 미국대학이 '상위 20위' 안에 있고, '상위 200위'의 세계 대학 가운데 미국대학이 72개나 포진해 있다. 미국 다음은 영국이 뒤따르고 있는데 상위 200위 안에 29개의 대학이 들어 있다. 영국 다음으로는 독일인데, 상위 200위 안에 14개의 대학이 포함되어 있다. 독일 최고의 대학인 괴팅겐 대학(University of Göttingen)은 43위에 자리하고 있다. 꽤나 놀라운 것은 4번째 국가가 10개의 대학을 보유한 네덜란드라는 점이다. 유럽에서 4번째로 큰 경제이긴 하지만 이탈리아가 세계 200개 대학 가운데 하나도 차지하지 못한다는 점 또한 놀랍다. 세계 제2위의 경제대국인 중국은 7위에 올랐는데, 상위 200위 안에 6개 대학이 들어 있다. 최고 대학인 북경 대학교(Peking University)가 37위를 차지하고 있다.

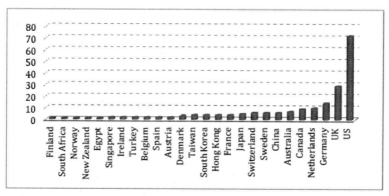

출처: 2010~11 타임스 고등교육 세계 대학 순위(Times Higher Education World University Rankings 2010~11), Times Higher Education, London.

그림 4.4. 상위 200위 이내 대학교의 수

그림 4.5.는 상위 200위 이내 대학교의 수를 미국과 EU, 아시아, 오세아니아(호주와 뉴질랜드), 아프리카와 남아메리카 국가와 비교하고 있다. EU가 상위 200위 내에 75개 대학을 가지고 있어서 지금 선두를 달리고 있는 것이 분명하게 드러난다. 오세아니아에 약간이 있고, 아프리카와 남아메리카에는 거의 하나도 없다. 이 차트는 EU와 미국, 아시아 사이의 혁신의 새로운 축이 생겨날 것을 보여준다. 순위에서 EU의 선두자리는 조심스레 해석해야 하는데, 그 이유는 유럽 경제가 유럽 연구 영역(European research area, ERA; Van Pttelsberghe, 2008; Paasi, 2010 참조)을 실제로 확립할 수 없기 때문이다. 미국은 성공적으로 연구 영역을 확립했고, 협력 수준과 전문화는 ERA보다 훨씬 높다. 이리하여 미국은 연구 기관의 우수성 덕에 미래 몇십 년 동안 가장 성공한 경제를 지속할 가능성이 높다. 미국 연구 기관의 혁신 능력은 국방 분야뿐만 아니라 정보기술 분야에서도 국가의 창의성을 유지시키는 데 사용될 것이다. 그러므로 미국 경제는 마이크로소프트, 애플, 구글, 페이스북과 같은 경제적 성공 스토리를 지속적으로 써 나갈 수 있

게 될 것이다. 이것은 상당 부분 미국의 고등교육 기관이 거둔 명백히 뛰어난 성과에 기인한다고 볼 수 있다. 유럽 연구영역이 충분히 통합되지 않는다면, 유럽 경제는 미국이 고등교육/연구기관을 통해 이룬 것과 같은 방식으로 생산성을 증대시킬 수 없을 것이다.

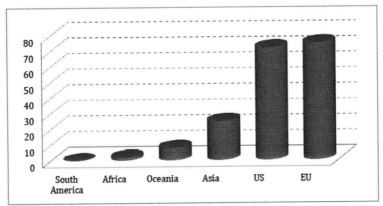

출처: 2010~11 타임스 고등교육 세계 대학 순위(Times Higher Education World University Rank-ings 2010~11), Times Higher Education, London.

그림 4.5. 지역별 상위 200위 이내 대학교의 수

이제 EU와 미국, 신흥국가의 경제 가운데 교육적 성과의 양과 질을 결합시키는 통합 지수 개발로 돌아가자. 미국과 EU, 그리고 중국을 OECD나 Eurostat의 자료를 가지고 비교하는 것이 불가능하기 때문에 Barro와 Lee(2010)라는 두 명의 학자로부터 얻은 최신 자료를 이용한다. OECD나 Eurostat 자료와 상당히 다르지만, 우리가 아는 바로는 국제 비교를 할 수 있는 유일한 자료이므로 이 데이터셋을 사용하기로 결정하였다.

그림 4.6.은 고등교육 성취라는 측면에서 30~34세 인구의 종합 지수를 보여준다. 원자료는 Barro - Lee에서 가져온 것이며, 15세 및 25세 이상 인구의 교육 성취도에 대한 전체 자료를 제공하고 있다. 우리는 2010~11 타

임스 고등교육 세계 대학 순위(Times Higher Education World University Rankings 2010~11)와 Barro‒Lee 자료를 결합시켜서 질적 및 양적 지수를 구성하는 통합 지수를 얻으려는 분석을 시도한다.[7] 미국이 전 세계 1등 역할을 하는 상위 200위 내의 대학 숫자와는 반대로, 우리 분석은 다른 결과로 이어진다. 한 국가 내의 총 대학 수에 대한 대용치로서 전체 인구 비중을 사용하고 30~34세 인구의 고등교육 이수비율을 고려하면 영국이 모든 국가 가운데 최고의 성과를 보여준다. 미국은 2위이다. EU‒15 국가들의 성과가 미국이나 영국보다 낮은 이유는 이 국가들이 미국과 비교하면 상위 20위 및 상위 100위 이내에 상대적으로 적은 수의 대학을 보유하고 있다는 사실에서 비롯된다. 더군다나 순위에서 최고의 성과를 내고 있는 유로존 국가인 독일은 미국과 영국보다 뒤처져 있는데, 그 이유는 고등교육 이수비율이 낮고 대학 순위도 낮기 때문이다. 우리 분석에서 중국이 왜 저 아래 자리 잡고 있는가를 이해하기는 어렵지 않다.[8] 중국은 전 세계에서 인구가 가장 많지만, 더 중요한 것은 중국을 꼴찌로 만든 원인이 우수한 대학의 수가 적다는 사실이며, 순위 안의 대학 숫자가 적은 것 때문에 이러한 결론이 도출될 수 있었다.

---

7) 우리는 상위 20위와 상위 100위, 상위 200위 내의 백분율로 가중치를 설정하였다. 각각의 가중치에 제3차 교육을 받은 30-34세 인구의 백분율을 곱하였다. 각각의 값은 다시 국가 내 총 대학 숫자의 대용치로 선택 국가나 지역별 인구수로 나누었다. 이 측정값은 100점 만점 척도로 표시하였다.

8) 상하이의 경우는 그렇지 않다. 상하이는 최근 PISA 테스트에서 최고의 성과를 올렸다 ‒ 이 보고서의 부록 가운데 그림 A.2.를 보라.

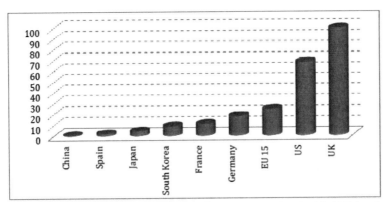

출처: 2010~11 타임스 고등교육 세계 대학 순위(Times Higher Education World University Rankings 2010~11), Times Higher Education, London; Barro & Lee(2010).

그림 4.6. 30~34세 인구의 고등교육 학력 성취 통합 지수(composite indicator)

4.3. 결론

　결과를 정리하면 먼저, 특히 이탈리아를 포함한 지중해 국가들은 고등교육 이수비율을 향상시키는 데 더 많은 투자를 해야 한다는 점은 분명하다. 둘째, 독일과 오스트리아는 이중 시스템이 오늘날 고등교육의 틀 안에 가장 잘 배태되어 있는 기술 창조를 위한 보다 과학적으로 주도되는 시스템으로 대체되어야만 한다는 사실을 인식해야 한다. 고등교육에서 큰 증진을 이루기 위해서는, 독일과 오스트리아 정부가 그들 경제의 미래 부를 유지하게 만드는 대학 시스템에 대한 지출을 급진적으로 확대해야만 한다. 신속하고 급진적인 대학 시스템 개혁이 없이는 이들 두 국가는 다가올 시대에 심각한 복지 부족으로 고통받게 될 것이다. 셋째, 유럽연구영역(ERA)은 실체가 만들어져야 한다. ERA가 작동하지 않으면, 유럽 전체가 미래에 상당한 복지 부족을 겪게 될 것이다. 넷째, 유럽 대학은 능력을 키워야 한다. 독일 최고의 대학이 상위 200위 중에서 43위고, 상위 20개 대학 가운데 15개가 미국 대학이라는 사실은 유럽이 고등교육에서 절실히 요구되는 개혁을 묵살한 결과가 커다란 위협으로 나타났음을 보여준다. 다섯째, 교육의 질적인 측면에 관해서 중국은 여전히 자그마한 역할을 수행하는 것처럼 보인다. 그러나 많은 다른 국가(라틴아메리카와 아프리카)와는 달리 중국은 교육의 중요한 역할을 이해하고 있기 때문에, 오래지 않아 교육의 질을 향상시킬 것으로 예상된다. 만일 중국이 대학 시스템에서 우수성을 확보하는 데 성공한다면, 중국은 점진적 혁신에서 얻은 우월함에서 급진적 혁신으로의 전환을 이룩할 수 있을 것이다.

사회 통합의 목표

5

먼저 사회 통합에 대한 2020의 지표 – 즉, 소외 빈곤 위기의 시민(Box 5.1.에 정의된 대로) – 는 실질적으로 2009년에 다소 개선되었다. EU가 전례 없는 경제침체와 가파른 실업 증가를 겪고 있는 상황을 생각해 보면 놀라운 성과이다. 그림 5.1.은 사회 통합에 대한 2020 지표가 꾸준히 향상되고 있음을 보여준다. 공식통계는 1천만 명 이상의 시민들이 2005년과 2009년 사이에 소외 빈곤 상태에서 건져졌었음을 의미한다. 이 꾸준한 증가세의 원인은 특히 폴란드를(소외 빈곤 상태에 660만 명 감소) 비롯한 10개 전환 국가들 내에서 소외 빈곤 인구의 급격한 감소에 있다. 한 가지 이유는 확실히 폴란드가 금융위기나 경제위기에 영향을 거의 받지 않았다는 것이 틀림없다(독일과 프랑스, 이탈리아, 영국 그리고 스페인 등 거대한 EU – 15 경제의 GDP가 엄청나게 줄어든 것과 비교해서 폴란드는 2009년에도 성장을 지속하고 있었다).

　더 나아가 유럽 2020에 대한 발전 보고서에 묘사된 개별 국가의 목표에 따르면(표 A.1. 참조) 10개 전환 국가의 총합에 있어서 그림 5.1.에 나타난 전망대로 전환 국가의 전체 목표는 소외 빈곤을 맞닥뜨린 시민 350만 명가량을 감소시키는 것이다. 기존 회원국 내에서(말타와 사이프러스 포함) 남은 1,660만 명의 시민이 구제되어야만 한다(목표 2천만 명에 도달하기 위해서). 이 집단의 공식 목표는(지금까지는) 대략 720만 명의 빈곤인구를 감소시키는 데 지나지 않았다(부록의 표 A.1. 참조). 그러나 2005년에서 2009년 사이에 이 집단은 소외 빈곤 인구가 적지만 증가를 기록했다. 심지어 이 목표는 이렇게는 달성하기 어려워 보인다. 게다가 모든 확인 가능한 국가 목표치의 합은 겨우 1,070만 명에 불과한데, EU 전체 목표의 절반을 아주 약간 상회하는 수치이다.

이렇듯 2020 전체 목표를 달성하는 것은 매우 어려워 보인다.

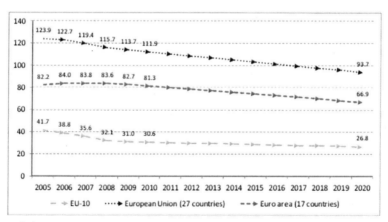

출처: Eurostat.

그림 5.1. 2020 목표: 2005~20년 EU-27 국가의 소외 빈곤 위기 인구수(EU 2020 및 국가 목표에 따른 예상)

일부 특정 사례들은 앞에 놓은 도전을 알려 줄 수도 있을 것이다. 표 5.1.은 4개 국가 – 이탈리아, 폴란드, 독일, 오스트리아 – 에서 소외 빈곤 감소/향상이 EU – 27 국가들과 비교해서 어떻지 진전되었는지를 보여준다. 이탈리아와 오스트리아, 독일이 실질적으로 소외 빈곤비율의 증가를 겪었던 반면에, 폴란드는 성공적으로 소외 빈곤으로부터 660만 명의 시민들을 끌어올렸다(Eurostat에서 제공한 자료에 의거). 이탈리아의 경우는 220만 명을 감소시켜야 하는 2020 목표와 실제로는 이 계층의 인구가 증가했던 지난 몇 년 동안 결과 사이의 괴리를 가장 강렬하게 보여준다.

표 5.1. 2005~09년 일부 국가 및 EU−25 국가에서 소외 빈곤 위기의 인구 변화
(단위: 천 명)

국가	2005~09	연간	EU 2020 목표
EU−27 국가	10,173	2,543.25	20,000
독일	−1,185	−296.25	330
아일랜드	−112	−28.00	186
스페인	−607	−151.75	1,400~1,500
프랑스	−28	−7.00	1,600
이탈리아	−214	−53.50	2,200
오스트리아	−37	−9.25	235
폴란드	6,626	1,656.50	1,500

그렇지만 기억해야 할 한 가지는 바로 2008~09의 전례 없던 경기침체 때문에 지난 몇 년간의 상황이 일반적이지 않다는 점이다. 어느 정도 회복이 지속되어야 상당한 발전으로 이어질지 지켜볼 문제이다. 아쉽게도 2005년 이전에는 대부분의 국가에서 이 지표가 유용하지 않아서 과거 경기침체가 소외 빈곤 위기의 인구수에 얼마나 영향을 미쳤는가를 측정하기는 어렵다.

폴란드 내 소외 빈곤 인구의 급격한 감소를 보면, 10개의 신규 회원국 안에서도 지속적인 빈곤 감소가 2천만 명이라는 목표에 도달하는 데 충분하

지 않은가라는 질문을 던지고 싶어질지도 모르겠다. 표 5.2.는 EU − 10 국가들이 그 평균 소외 빈곤비율을 EU − 17(21%) 수준까지 낮춘다는 가정을 전제로 한 것이다. 만일 이 목표에 도달한다면, 대략 970만 명의 시민들이 소외 빈곤 위기에서 탈출하게 될 것이다. 그러나 10년 안에 이러한 목표를 달성한다는 것은 가능성이 별로 없고, 앞서 언급한 대로, EU − 10 국가들은 실제로 스스로 매우 야심차지 못한, 고작 전체 350만 명을 줄이는 목표를 설정했다.

전체 2천만 명이라는 목표는 어떻게 이룰 수 있는 것인가? 앞서 자세히 언급한 대로, 나머지 목표 인구는 강한 회복력을 발휘해서 소외와 빈곤에 맞서는 전쟁에서 전무후무한 승리를 거두는 기존 회원 국가들로부터 채워져야 한다(우리는 이 장의 후반부에서 가장 효과적인 방법이 무엇인지를 논의한다).

표 5.2. 2009년 EU−10 국가에서 소외 빈곤 위기 인구의 잠재적 감소

국가 집단	위험군 비율(%)	위험군의 수	전체 인구
EU−10 국가	0.30	30,980,000	102,135,757
유로 지역(17개국)	0.21	82,740,000	397,569,739
EU(27개국)	0.23	113,720,000	499,705,496
EU−10 국가(EU−17 국가와 동일한 비율)	0.21	21,255,925	102,135,757

가난과 소외의 위기라고 정의된 상황에 처한 사람들의 수를 단순히 더하고 국가 벤치마크에 대해 상대적으로 측정되는 하나의 하위 지표를 사용하는 상황에서(국가별 중간 임금에 비해서), 2020 전략이 회원국들 사이의 차이를 감소시키는 목표를 거의 포기했었다는 점을 누군가는 지적해야만 한다(Box 5.1. 참조). 그러므로 이 장에서 우리는 사회 통합에 대한 지표의 본질을 논의하는 것부터 시작한다.

Box 5.1. 소외 빈곤 위기의 인구에 대한 지표

Eurostat에 정의된 대로, 소외 빈곤 위기의 인구에 대한 지표는 다음 어느 쪽에라도 포함된 사람들의 총합계에 해당한다.

- 빈곤의 위기
- 심각하게 물질적으로 곤궁 혹은
- 대단히 낮은 노동 강도를 갖는 가계에서 생활

이 세 가지 하위 지표들 사이에 겹치는 경우, 우리는 그 사람을 한 번만 숫자에 포함시킨다.

사회복지비 지급(전체, 여성, 남성) 이후에 빈곤 위기의 비율은 빈곤 위기 기준점 이하의 가처분 소득을 갖는 사람들의 비중으로 규정되며, 그 기준점은 사회복지비 지급 이후에 국가의 가처분 소득 중간 값의 60%로 설정한다.

심각하게 물리적으로 곤궁한 사람들은 '경제적 부담과 지속성' 차원에서 9개 물리적 곤궁함 가운데 최소 4개에 해당하는 인구의 비중이다. 9개 항목은 다음과 같다. 1) 모기지 혹은 집세, 공과금, 구매 할부금이나 다른 부채 지불 체납, 2) 집을 떠나 1주일간의 연간 휴가비를 감당할 수 없음, 3) 이틀에 한 번 고기, 닭고기, 생선을 포함하는(혹은 채식주의자면 그에 해당하는) 한 끼 식사를 지불할 수 없음, 4) 예기치 못한 금융 비용(전년도의 빈곤 위기 기준에서 국내 월간 기준에 해당하는 금액)을 대처할 능력 없음, 5) 가계가 전화요금(이동전화 포함)을 부담할 수 없음, 6) 가계가 컬러 TV를 구매할 능력이 없음, 7) 가계가 세탁기를 구매할 능력이 없음, 8) 가계가 자동차를 구매할 능력이 없음, 9) 가계가 집에 적절한 난방을 유지할 만한 비용을 지불할 수 없음.

매우 낮은 노동 강도를 가진 가계에서 생활하는 사람들의 범주는 지난해 전체 노동 잠재력의 20% 이하로 일을 했던 노동연령 구성원들이 속한 가계에서 생활하는 0~59세 인구의 비중으로 표시된다.

가계의 노동 강도는 가계 내 노동 가능 연령의 모든 구성원이 소득조사 연도에 일했던 개월 수를 동일한 기간, 이론적으로 모든 가계 구성원이 일할 수 있었던 총 개월 수로 나눈 비율로 규정된다. 응답자들이 자신을 비정규직이라고 선언하면, 인터뷰 시점의 노동 시간의 상황을 근거로, 주당 노동 시간의 수가 비정규 업무를 수행했던 개월 수로 간주된다.

출처: Eurostat.

5.1. 사회 통합은 어떻게 측정하는가?

　　사회 통합과 관련해서, 유럽 2020 전략은 분명하게 그 목표를 옮겨 놓았다. 사회 통합의 전체 목표를 Laeken 지표와 같이(Alsingon et at., 2004; Marlier et al., 2007 참조) 빈곤비율을 하나의 지표로 보는 다차원적 접근으로 측정하는 대신에, 유럽 2023 0 전략은 가장 앞서가는 지역에서(비록 추가적으로 통합에 있어서 고용과 교육의 중요성을 언급하고 있지만) 소외 빈곤의 위기에 있는 사람들의 비율에[1] 관심을 가지고 있다.[2] 보다 구체적으로, 유럽 2020 전략은 소외 빈곤 위기의 사람들 수를 2020년까지 2천만 명 줄이자고 제안한다.[3] 그러나 EU – 27 내에서 소외 빈곤 위기에 처한 비율

---

1) 유럽 2020 전략의 원래 벤치마크 - 사회적 이동 이후의 빈곤층 비율에만 관심을 가지고(2009년 대략 8천만 명에 이름) 이 빈곤층 비율을 2020년까지 6천만 명으로 25% 감소하는 데만 관심 - 는 빈곤 위기뿐만 아니라 소외 위기도 감싸도록 빈곤에 대한 개념을 확장시킴으로써 수정되었다. 이러한 지표 개념은 대략 114백만 명의 시민을 포함하게 된다. 2010년 6월 17일 유럽 정상회의(European Council)가 동의한 새로운 빈곤의 벤치마크는 114백만 명 가운데 2천만 명을 위기로부터 구해 내는 것이다. 그 비율은 원래의 25%에서 17.5%로 조정되었다.

2) Pochet(2010, p.149)이 제기한 비판을 보라. 그는 "사회적 차원이 빈곤 문제에 예외적으로 제한될 수는 없다" 그리고 "그 해답은 단순히 교육수준을 끌어올리는 것보다는 훨씬 더 복잡하다"고 주장한다.

3) 소외 빈곤 위기의 시민을 측정하는 데 합의된 방식은 세 가지 다른 지표들로 구성되어 있다. ⅰ) 대단히 낮은 노동 강도를 갖는 가계에서 생활하는 자, ⅱ) 사회적 이동 이후에 빈곤의 위기에 있는 자, ⅲ) 심각하게 물질적으로 곤궁한 자.

의 전체적 상황은 어떠한가? 그림 5.2.에서 유추할 수 있는 것처럼, 2009년에 EU - 27 시민들의 23.1%(혹은 그림 5.1.에 나타난 대로 대략 114백만 명)가 소외 빈곤의 위기에 놓여 있었다. 그러므로 이 숫자를 2천만 명 감소시키는 유럽 2020 목표는 이 비율에서 17.5%를 잘라내는 것이 된다.

그러나 EU - 27개 국가들 안에서도 소외 빈곤비율은 얼마나 이질적인가? 소득 불평등에서의 차이와 마찬가지로(Franzini, 2009; Dauderstädt & Ketec, 2011) 소외 빈곤 위기의 비율에 있는 시민의 백분율도 나라마다 상당히 달리 나타난다. 대부분의 통합 국가[4](네덜란드, 룩셈부르크, 오스트리아, 프랑스, 독일), 스칸디나비아 국가들(스웨덴, 덴마크, 핀란드), 체코 공화국, 슬로베니아와 몰타 등에서는 소외 빈곤 위기의 인구 비중이 20% 이하이다.

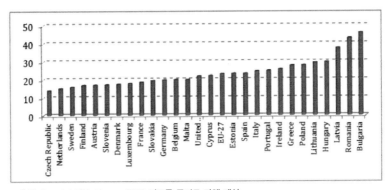

출처: Eurostat 자료, Europe 2020 지표를 근거로 자체 계산.

그림 5.2. 2009년 소외 빈곤 위기의 시민 비율(%)

자유주의 국가(아일랜드와 영국), 지중해(사이프러스, 스페인, 이탈리아,

---

4) 앞서 언급한 대로, '통합 국가'의 개념을 소개하는 데 Hall & Soskice(2001)를 참조. Hall & Soskice(2001)의 분류와는 달리, 이 연구에서 프랑스는 통합 국가로 간주되었다.

포르투갈, 그리스), 그리고 전환 국가(슬로바키아, 에스토니아, 리투아니아, 헝가리, 폴란드, 라트비아, 루마니아, 불가리아) 등에서 그 비중이 20% 기준점을 넘고 있으며, 특히 헝가리와 라트비아, 루마니아, 불가리아 4개 국가는 빈곤층 비율이 가장 높다. 루마니아와 불가리아의 경우, 소외 빈곤 위기의 인구 비중이 거의 50% 선에 도달하고 있는데, 이는 인구의 절반가량이 소외 빈곤 위기에 놓여 있다는 의미이다. 한쪽으로는 루마니아와 불가리아, 그리고 다른 한쪽으로는 체코 공화국, 네덜란드와 스웨덴을 두고 그 양측 사이의 차이는 루마니아와 불가리아의 드라마틱한 사회적 조건뿐만 아니라 현재 EU - 27 국가들 사이의 거대한 이질성을 생생하게 보여준다.

만일 체제론에 따라 자료를 분류한다면, 그 순위는 다음과 같이 나타날 것이다. 스칸디나비아 국가들이 분명 상위에 있고, 그 뒤를 통합 국가, 지중해 국가, 자유 국가 그리고 전환 국가가 뒤따르며(대체로 루마니아와 불가리아 때문), 마지막으로는 발틱 3개 국가인데, 이들은 빈곤과 소외에 가장 많이 노출된 상태이다(그림 5.3.).

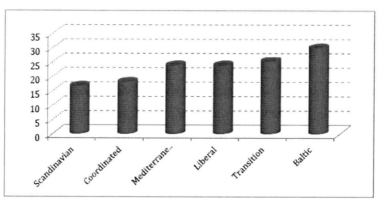

출처: Eurostat 자료, Europe 2020 지표를 근거로 자체 계산.

그림 5.3. 2009년 체제 유형에 의거하여 분류된 소외 빈곤 위기의 시민 비율(%)

5.2. 유럽을 위한 사회적 모델은 무엇인가?

    기존 연구에 따르면(예를 들어, Sapir, 2006), 유럽의 사회적 모델(혹은 모델들, 여러 연구에 따라)이 심각한 어려움에 직면하고 있다는 것은 널리 합의된 바이다. 우리는 노령화되는 인구와 저임금 국가로부터 늘어나는 경쟁의 조합이 정부가 어디에서라도 유권자가 기대했던 높은 수준의 소득 분배와 위험에 대비한 보험을 가져다주는 능력을 경직시키고 있다고 진단한다. 이 문제에 대한 논의는 종종 암묵적으로 국가가 그들이 적용하고자 하는 어떤 종류의 모델을 다소 '선택'할 수 있다고 가정한다. 지난 십여 년에 걸쳐 노르딕 국가들은 EU 내에서 최고의 경제적 성과를 거두어 왔기 때문에 다른 국가들이 경쟁력 있는 상태가 되길 원한다면 이들의 '모델들'을 수용해야 한다는 주장이 종종 제기되기도 한다. 그렇지만 이러한 접근은 잘못된 것인데, 왜냐하면 우리의 결과에 따르면 단순히 다른 사회적 모델을 모방한다는 것이 불가능하기 때문이다. 정부는 사회보장 혜택에 얼마나 지출할 것인지를 택할 수 있을지 몰라도 이것이 가져올(사회보장 혜택의 목적이 불평등과 빈곤을 감소시킬 것이라고 가정하면서) (불)평등의 수준을 담보할 수는 없다. 그렇기에 어떤 정부/사회는 빈곤을 줄여 나가는 데 다른 정부/사회보다 더 효과적인 것이라고 생각하는 것이 더 유용할지 모른다. 효율성을 강화시키는 것(이렇게 정의된)은 지출 확대보다 더욱 중요하다.

대중적인 생각은 유럽 내에 기본적으로 네 종류의 복지 - 국가 모델이 있으며, 이들은 상이한 정도의 고용과 평등(혹은 불평등의 수용)으로 혼합되어 있다는 점을 담고 있다(Sapir, 2006, pp.379~380 참조). 이러한 스테레오 타입은 보통 두 개의 축으로 평등과 효율성을 갖는 매트릭스로 표현된다. Sapir를 따라,[5] 표 5.3.에서 그의 유형론을 2009년도의 EU - 27 국가에 동일하게 적용하면서 소외 빈곤 위기의 비율을 평등에 대한 지표로 고용률을 효율성에 대한 지표로 사용하였다.

표 5.3. 금융 위기 이후 EU-27 국가에서의 사회적 모델의 표준 분류

구분		효율성(=고용?)	
		낮음	높음
평등(=1-빈곤)	높음	슬로바키아, 벨기에, 몰타	스웨덴, 덴마크, 핀란드, 독일, 네덜란드, 프랑스, 오스트리아, 룩셈부르크, 슬로베니아, 영국, 키프로스, 체코
	낮음	스페인, 이탈리아, 아일랜드, 그리스, 폴란드, 리투아니아, 헝가리, 라트비아, 루마니아, 불가리아	에스토니아, 포르투갈

주: 무형자본 투자비율이 높은 국가들은 이탤릭체로 표시되었음.
출처: Eurostat 자료, Europe 2020 지표 및 INNODRUVE 자료를 바탕으로 자체 계산.

---

5) Sapir(2006)는 이 분류에 대하여 유용하게 다시 설명하고 있다[원래는 Esping - Andersen(1990) 연구에 기초한 것; Boeri, 2002 참조].

평균값을 기준으로 EU - 27 국가들을 높음, 낮음 두 그룹으로 나누어 보면, Sapir의 연구결과(EU - 15 국가를 표본으로 분석함)와는 다소 상이한 그림이 얻어진다. Sapir(2006)는 노르딕과 앵글로 - 색슨 국가들을 세계화의 도전을 이겨 낼 가능성이 있는 국가로 분류한 반면, 2009년도(금융 위기 직후)에 대한 우리의 결과에 의하면, 노르딕 국가들은 앵글로 - 색슨 국가들과는 동일하지 않으며(아일랜드도 지금은 둘 다 낮은 범주에 속해 있기 때문) 통합 국가인 독일과 네덜란드, 프랑스, 오스트리아, 룩셈부르크(양쪽 다 높은 범주에 속함) 등지에서는 효율성은 평등과 관련이 있다. 보다 흥미로운 점은 효율성과 평등에서 높은 점수를 받은 국가 대부분이 매우 혁신적이라는 사실이다(무형자본에 대한 투자 측면에서). 대부분의 통합 국가와 스칸디나비아 국가들 가운데서 다음과 같은 나라들이 효율성과 평등이 모두 높은 범주에 속해 있어야 한다. 슬로베니아, 체코 공화국, 앵글로 - 색슨 국가인 영국과 사이프러스. 반대로 거대한 지중해 국가들(스페인, 이탈리아, 그리스)은 전환 국가 및 발틱 국가들과 함께 양쪽 모두 낮은 범주에 들어 있다.

5.3. 정부의 효율성 대 사회적 지출

　그럼에도 불구하고 위의 분류는 정책적 결론 도출에 있어서 쓸모가 거의 없다. 이것이 '클럽 메드'에 있는 그 국가의 사회가 낮은 고용(Sapir, 2006에 의하면 낮은 효율성과 동의어로 간주됨)을 선호한다고 알려주는가? 사회적 모델 사이의 차이점을 보다 유용하게 설명하려면 정치적 선택에 관해 직접 관찰할 수 있는 것들로부터 출발해야만 한다. 이러한 측면에서 하나의 주요한 변수는 사회가 평등에 대하여 기꺼이 지출하려고 하는 금액이다. 이것은 또한 불평등을 결정하는 주요한 변수도 된다. 이 변수 역시 2008년 라트비아에서 GDP의 12.6%만을 사회보장 혜택에 지출하는 것에서부터 오스트리아의 27.8%, 독일의 28.2% 그리고 극대치인 프랑스의 30.8%에 이르기까지 차이가 크게 나고 있다. 그림 5.4.는 빈곤 혹은 해체 위기 시민의 GDP 비중을 사회적 지출로 측정하고, 그 백분율과 사회적 지출의 산포도를 보여주고 있다. 비록 GDP 비중으로 본 사회적 지출과 소외 빈곤 위기의 인구 비중 사이에 부(-)의 관계가 나타나고 있지만, 그리스와 이탈리아의 경우처럼, 대규모 사회적 지출은 위기 인구 비율의 하락과는 직접적으로 관련이 없다. 이탈리아는 평균적으로 핀란드보다 많은 비용을 쓰지만 핀란드의 위기 인구 비율이 훨씬 더 낮다.

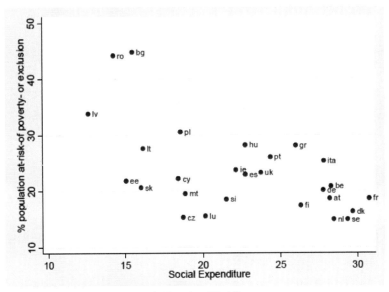

출처: Eurostat 자료, Europe 2020 지표를 근거로 자체 계산.

그림 5.4. 2008년 EU-27 국가의 GDP 대비 사회적 지출 비중과 소외 빈곤 위기 인구 비율의 산포도

그림 5.5.의 정부 효율성과 소외 빈곤의 위기에 처한 인구의 비율 사이의 관계를 분석해 보면 그 양상이 상당히 달라진다. 정부 효율성과 위기 인구 비율의 산포도는 이 둘 사이의 강한 관련성을 보여준다. 예를 들면, 정부 효율성이 낮은 루마니아나 불가리아, 이탈리아, 폴란드, 라트비아, 리투아니아, 헝가리와 같은 국가들은 소외 빈곤 위기의 시민 비율이 더 높은 경향이 있다. 정부효율성이 높은, 예를 들어 핀란드, 덴마크, 스웨덴, 네덜란드, 룩셈부르크와 같은 나라들은 위기 계층의 비율이 더 낮다. 이러한 결과는 기존 연구에서도 잘 나타나 있다. 예를 들어, Holmberg et al.(2009)은 빈곤비율

이 정부 효율성과 부의 관계가 있다는 실증적 증거를 제시한다. 연구에 따르면, 그들은 한쪽 측면에서는 정부의 질이 경제성장과 정의 관계가 있다는 것을 발견한 것인데, 경제성장은 확실히 빈곤을 감소시킨다. 반면에 다른 한쪽에서는 성장이 빈곤층에 약점으로 작용할 수도 있다는 것이다. 그렇지만 정부의 질이 높은 국가에서는 경제성장이 빈곤에 가능한 부정적인 분배 효과보다 우세하다.

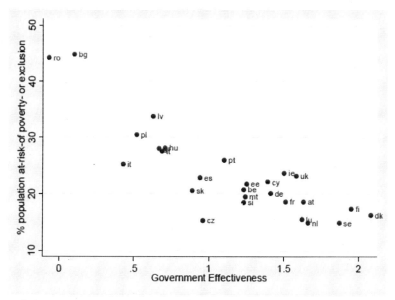

출처: Eurostat 자료와 Governance Indicators(Kaufmann et al., 2010)를 근거로 자체 계산.

그림 5.5. 2008년 EU-27 국가의 정부 효과성과 소외 빈곤 위기 인구비율의 산포도

표 5.4.는 소외 빈곤의 위기의 결정요인에 대한 횡단면 분석(EU-27 국가를 분석 단위로 사용)을 보여준다. 회귀분석 1은 무엇보다도 GDP 대비 %로 표현한 사회적 지출이 소외 빈곤 위기와 유의하게 관련이 있음을 보여준다. 우리는 또한 소외 빈곤 위기의 인구 백분율과 소득 분포의 불평

등을 측정하는 지니 계수 사이에 강한 부의 상관관계가 있음도 밝혀내었는데, 이는 그리 놀랄 만한 것은 아니다. 그리고 당연하게 국민 소득(1인당 GDP)이 높을수록 소외 빈곤 위기의 인구 발생 정도가 낮아진다는 것도 발견했다. 예상대로 루마니아와 불가리아의 경우를 포함하는 국가 더미변수는 유의한 양의 계수 값을 갖는다.

표 5.4. 종속변수: 소외 빈곤 위기

소외 빈곤 위기의 인구	계수	표준 오차
정부 효율성	−4.7***	1.54
사회보장지출	−0.04	0.09
지니계수	0.65***	0.18
1인당 GDP(PPP 조정)	−0.09***	0.02
루마니아 및 불가리아 더미	10.9***	1.46
상수항	11.8	7.28
R−square	0.91	−
표본 수	27	−

*** p⟨0.01, ** p⟨0.05, * p⟨0.1
주: robust standard error가 표기됨.
출처: Eurostat 자료와 지배구조 지표(Governance Indicators, Kaufmann et al., 2010)를 근거로 자체 계산.

그러므로 정부가 더 효과적이고, 불평등이 더 낮고 그리고 소득이 높은 국가일수록 빈곤층 비율이 더 낮다(비록 그 인과관계가 다른 방식으로도 명확하게 나타날 수 있겠지만, 보다 평등한 국가일수록 더 나은 제도와 더 높은 소득을 더욱 쉽게 구축하고 발생시킬 수 있다). 우리가 이 회귀분석 결과에 대한 첫 번째 해석을 하자면, 다시 한 번 더, 제도의 질이 사회적 지출의 양보다 더 중요하다는 것이다. 더 많이 지출하지 않더라도 더 현명하게 지출하기만 한다면 여러 국가에서 소득 불평등을 감소시켜 보다 많은 시민을 빈곤이나 소외로부터 끌어올릴 수 있다는 것이다.

5.4. 조기 학업 중단자 그리고 빈곤율

'조기 취직 예정자' 지표는 시민들의 고용과 빈곤에 빠질 높은 위험과 밀접하게 관련이 있기 때문에 이 지표를 교육목표에 대한 장이 아닌 여기서 논의하도록 한다. 그림 5.6은 학교 중퇴자 비율을 보여주고 어느 국가가 10% 이하라는 벤치마크를 이미 달성했는지 그리고 어느 국가가 목표 달성을 위해 더 노력해야 하는지를 알려준다. 지중해 국가와 전환 국가들이 벤치마크 달성에 가장 큰 난관을 가지게 된다는 것을 단박에 알아볼 수 있다. 놀랍게도 EU-15 경제인 스페인과 포르투갈이 각각 그 비율이 30%를 넘는다. 이탈리아에서 그 비율은 20%에 가깝다. 앞서 논의한 대로, 4위와 5위 유럽 경제대국인 이탈리아와 스페인에서 기술 향상은 EU와 유로존을 위해 무엇보다 중요해 보인다. 대규모 경제 이익은 그러한 발전을 통해서 얻을 수 있는 것이다.

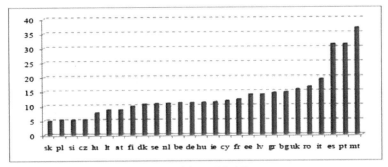

출처: Eurostat 자료, Europe 2020 지표를 바탕으로 자체 계산.

그림 5.6. EU-27 국가의 조기 학업 중단자: 2009년 하위 중등교육만을 받았거나 교육을
받지 못한 18~24세 인구 비율(%)

5.5. 사회 통합: 적절하게 해결되고 있는가?

결론을 내면서, 소외 빈곤 위기에 대한 지표가 사회 통합에 주요하게 보이지만, 사회 통합은 이런 지표들로 축소될 수 있는 것이 아니다. 사회 통합이 2000년 본래 리스본 전략에서 눈에 띄는 자리를 차지했지만, 수정된 2005 전략에서는 그 중요성을 다소 상실하였다. 유럽 2020 전략에서 사회 통합은 세 개의 지표로 구성된 지수 한 개로 약화되었다. 유럽의 정책 입안자들이 만일 사회 통합을 소프트 지표라고 생각해서 집중할 필요가 없다고 한다면 이는 완전히 실수이다. 사회적 그리고 정치적 통합은 유럽 경제를 위한 선제조건 가운데 일부이며, 유럽의 사회적 차원을 하찮게 바라보는 시각은 장기적인 경제 번영을 위협하게 될 것이다. 사회 통합을 측정하는 지표를 줄이는 대신에, 유럽 2020 전략은 시민의 규범 인식, 즉 개인 상호 간 및 체제 신뢰 수준(Roth, 2009a, b 참조)과 같은 지표들을 확장시켜야만 했다. 유럽 2020 전략의 '포괄적인' 부분에서 빠진 또 다른 하나는 불평등인데, 그 가운데 빈곤율은 겨우 단 하나의 요소일 뿐이다. 소득불평등이 1970년대 말부터 미국에서 증가하기 시작했다는 사실에서도 잘 드러나 있다. 유럽

역시 예외는 아니었다. 유럽에서 임금 차별이 확대되었다. 비록 개별 국가마다 다른 척도와 다른 시기였지만. 예를 들어, OECD 연구(2008)는 선진국에서 소득 불평등이 증가한 것은 1980년대 중반 이래이며, 심지어 독일과 이탈리아, 핀란드에서는 2000년 이래로 더 심각하게 증가하였다는 사실을 보여준다. 유럽 2020은 불평등의 퍼즐을 풀기 위해 교육과 그것이 고용에 자동적으로 미치게 되는 긍정적 효과에 의존한다.

우리는 Giddens(2006a, 2006b, 2007)의 말을 주의 깊게 되새겨야 한다. 그는 EU의 미래 번영은 유럽의 사회적 모델을 강화함에 따라서만이 달성될 수 있다고 지적했다. 더군다나 정부 효율성은 소외 빈곤의 위기에 태클을 거는 데 중요한 역할을 수행하는 것으로 보인다. 비록 우리가 인과관계 문제를 제기하지는 못해서 이 실증 결과가 초보적이긴 하지만, 이론적 가정과 상식은 그 연결 관계가 효과적인 정부구조에서부터 소외 빈곤 위기의 인구 비율 감소까지 다다르고 있음을 전달해 준다. 이런 경우, 누군가는 정부 효율성이 소외나 빈곤과의 전쟁에만 중요한 것이 아니라 혁신과 인적 자본에 대한 투자를 효율적으로 집행하는 데도 중요하다는 점을 강조해야 한다. 마지막으로, 금융 위기 이후에 효율성과 평등이라는 두 개의 기준에 따라서 EU - 27 국가들을 분류함으로써 노르딕 국가와 함께 통합 국가들은 효율성과 평등을 결합시키는 데 성공하였음을 명확히 밝혔다. 이러한 발견은 통합 국가가 원래 기대했었던 것보다 세계화의 도전에 준비가 더 잘 갖추어져 있다는 주장을 강화시킨다.

20/20/20 기후와 에너지 목표 달성

6

위기의 충격과 세계 경제에서 경제적 무게의 균형 이동은 기후 변화라는 분야에서 특히 중요하다. 실제로 2020 전략의 주요 목적은 시대에 뒤떨어졌다는 주장이 제기되기도 한다.

2020 전략은 기후 변화와 에너지 분야에서 다음과 같은 세 가지 목표를 설정하였다.

1) 온실가스(GHG) 배출(의무) – EU의 수정된 배출 거래 계획(Emissions Trading Scheme, ETS) Directive2009/29/EC(2005년과 비교해서 – 21%) 그리고 배출 거래 계획에 해당하지 않는 분야를 위한 '노력 – 분담 결정(effort – sharing decision)'에서(2005년과 비교해서 – 10%) 계획된 대로, 1990년 대비 2020년까지 20% 감축. 2009년 국제 항공기까지 포함한 배출은 1990년 수준 이하인 16%로 추정된다(유럽 위원회).

2) 재생(의무) – 전체 최종 에너지 소비에서 재생에너지 비중을 2020년까지 20%로 증대[2008년에 이 비중은 10.3%였다(Eurostat, 2011)].

3) 에너지 효율성(비의무) – 주요 에너지 소비를 예상과 비교하여 2020년
   까지 20% 감축.

이 장에서 우리는 첫 번째 목표에 집중한다. 두 번째 목표에 관해서는 재생에너지의 비중을 20%로 증가시키는 것은 재생에너지가 이미 10%를 넘어서는 상황이라 달성 가능한 것으로 보인다. 그렇지만 세 번째 목표는 (의무사항도 아닌 경우이기에) 달성될 것 같지 않다. 2007년의 전망은 이 목표 (European Commission, 2011g)를 달성하는 데 368mtoe(million tonnes of energy equivalent)의 에너지 소비 감축이 필요하다는 것을 보여준다. 그러나 이 목표를 향한 회원국들의 '약속' 총량은 겨우 207mtoe에 불과한데 이는 필요한 양의 60%에도 미치지 못하는 수치이다. 이는 공식적으로도 알려져 있다. "현재 정책 내에서는 2020까지 에너지 효율 20%라는 목표의 절반에도 미치지 못할 것이다(European Commission, 2011f)."

2020년까지 온실가스(GHG) 배출 20% 감축과 관련해서, 위기의 영향이 분명히 있다. 금융 위기에서 촉발된 심각한 경제침체는 EU 내 가스배출을 감소시켰고, 제일 먼저 '그린'에너지 목표(2020년 온실가스 배출이 1990년에 비하여 20% 감소)가 이미 얼마간 현실화되었다. 게다가 위기를 재촉했던 신용 버블이 터지면서 남은 기간 EU의 기대 미래 성장률을 가파르게 하락한 수치로 수정하게 되었다(그리고 2011 여름의 새로운 유로 위기가 예측치를 더 낮추었다). 환경 목표가 설정된 2005~08년 당시에는 야심차게 보였던 것이 오늘날에는 달성하기 쉬워 보인다. 2009년 배출 수준은 이미 1990년 벤치마크보다 16% 떨어졌다. 물론 2020년까지 그런 성장을 기대해야 하지만, 지금 당장 유럽 경제가 회복하더라도 그 속도는 느릴 것 같다. 성장 전망에 대한 수정은 2008년과 2011년 사이 IMF의 공식 예측의 변화로부터

찾아낼 수 있다. 2011년 초기 세계경제보고서(World Economic Outlook)에서 IMF가 예측한 GDP 수준과 2008년 초기 전망한 수준의 차이는 대략 12%이다(그리고 이후 성장률도 수정하여 매년 약 0.62% 감소되었다)(IMF, 2008, 2011). 반대로, 아시아 신흥시장의 경제성장 전망을 전혀 하락 수정하지 않았다. 이러한 결과는 전 세계 에너지 수요에서 EU의 비중이 지속적으로 감소한다는 것이다(표 6.1. 참조).

표 6.1. 세계 1차 에너지 수요 비중(%)

국가	2000	2010	2020
EU	16	14	12
미국	23	11	16
비OECD 아시아 국가	22	30	35

출처: IEA(2010)를 근거로 자체 계산.

현재의 가스 배출 감축목표가 대단히 도전적이지 않다는 관측이 단순히 성장 예측에 기반을 둔 이론적 계산에 근거한 것은 아니다. EU의 배출권 거래 규모가 창출한 주요 시장 – 기반 지표, 즉 배출 허가 가격과 같은 지표를 봐도 그러한데, 배출 허가 가격은 톤당 12~15유로로 하락했다.

주로 중국에서 기인한 신흥경제의 빠른 성장의 결과는 EU의 기후목표가 설정되었던 10년 전에 더 일찍이 예상했어야만 했다. 신흥경제가 빠르게 성장하는 상황에서, 전 세계 배출에서 EU가 차지하는 부분은 급속히 감소하여, EU가 전 세계 배출에 쏟는 노력의 영향력은 매우 미미하다. 대부분 2020년까지 EU가 전 세계 온실가스 배출 전체에서 10% 정도만을 차지하게 될 것이라고 전망하고 있다. 만일 EU가 2020 전략에서 예상한 20% 감축 대신에 30% 감축이라고 그 야망을 올려보기로 결정하더라도, 이것은 전 세계 배출을 약 1% 감소시키게 될 것이다. 재생에너지의 비중을 10%에서

20%로 증가시키는 측면에서도 그 목표는 전 세계 배출에 대해 훨씬 더 적은 영향력을 미치게 될 것이다. 재생에너지가 화석 연료의 이산화탄소 배출의 절반만 생성한다고 가정한다면, EU 에너지 생산의 또 다른 10%P를 대체하여 전 세계 배출을 약 0.5% 감소시키게 될 것이다.

간단히 말하자면, 우리는 EU가 국내 배출을 감소시켜서 전 세계 기후 변화에 괄목할 만한 영향을 미칠 것이라는 희망도 품을 수 없다는 점을 받아들여야 한다. 대신 주요한 문제는 신흥경제, 특히 중국에서 고도성장의 탄소 강도이다.

6.1. 지구 환경을 보호하기 위한 국경세

온실 가스 배출은 외부 효과의 고전적 사례를 대표한다. 이 문제를 다루는 하나의 방식은 해법에 참여하는 모든 국가를 유인하겠다는 목적을 가지고 다자간 협상을 진행하는 것이다. 지난 20년에 걸쳐서 그리고 지금도 시도하고 있지만 효과는 미미하다. 코펜하겐에서 있었던 최신 주요 노력도 세계적 합의를 이끌어 내는 데 완전히 실패했다. 결과적으로 EU는 구속력 있는 목표를 가진 사실상 유일한 주요 경제적 행위자이다.[1]

탄소 국경조치의 비용과 이점은 기후 – 변화 완화 정책의 경제학에 대해 연구의 많은 부분을 할애하여 지나칠 만큼 논의해 왔지만, 대부분의 연구는 경쟁력(에너지 – 집약적 산업에서)과 탄소 누출에 집중되어 있

---

1) 중국 정부는 최근 "2020년까지 GDP 단위당 이산화탄소 배출을 2005년과 비교해서 40-45% 감소시키겠다"는 독자적 결단을 최근 천명했다. 얼핏 보면 이것은 대단한 결단처럼 보인다. 그러나 그 기준점을 어디에 두고 출발하려는 것인지가 분명하지 않다. 서비스가 상대적으로 더 중요해짐에 따라 중국 경제의 배출강도는 어떤 경우에라도 감소될 것이다. 그러므로 이 목표가 탄소에 대해 충분한 가격(meaningful price)을 뜻하고 있는지 말하기는 어렵다. 더군다나 중국의 계획에는 제조업 분야에서의 탄소가격 책정 예상조차 없다. 그 목표는 주로 대체 에너지 생성에 막대한 투자를 통해서 달성하겠다는 것이다. 이것은 탄소 관세(생산과 그로 인해 발생하는 오염이 해외로 이동하게 되는 경우)에 대한 경제적 논의가 아직 매우 유효하다는 것을 의미한다.

다. 일부 논문만이 소위 '탄소 국경세'의 국제 거래 영향을 조사하고 있으나, 전 세계적 관점에서 복지의 함의를 바라보는 연구는 없는 듯하다. Veenendaal & Mandres(2008), Mckibben & Wilconxen(2008), Majocchi & Missaglia(2002), 그리고 John Whalley가 쓴 칼럼 VoxEU(2008, 2009)를 보라.

그러나 글로벌 관점은 옳다. 기후 변화 정책은 심지어 국가 수준에서 충족될 때조차 글로벌(국가적인 개념과 반대의 의미로) 복지에 대한 관심 때문에 동기부여가 된다. 그래서 소위 '국경세'라는 것을 논의할 때 동일한 관점을 수용하는 것이 중요하다. 중요하지만 종종 간과되는 이슈는 평범한 수입 관세(수입품목의 탄소 함유에 대한)와 수입 관세 더하기 수출 리베이트의 합계를 구별하는 것이다. Box 6.1.에서 수입 리베이트가 없는 경우를 살펴보자.

Box 6.1. 탄소 관세 도입으로 인한 복지 증가 – 간단한 설명

이 설명은 가장 보편적인 상황에 대한 것으로 부분 균형 접근법을 사용하여 글로벌 복지에 대한 탄소세의 영향에 대한 본질을 보여주고자 한다.

유일한 상품(자국이 수입자인)이 있다. 보통 세계는 두 개의 행위자, 수입국(혹은 수입하는 국가 집단)과 나머지 국가로 나누어진다. 그러나 두 행위자는 동일한 공급과 수요 곡선을 갖고 있고, 생산물의 탄소 강도도 같다!

관세에 대한 복지의 함의는 무엇인가? 관세로 인한 표준 복지 수준의 손실은 보통 삼각형이다(소비자 및 생산자 손실). 잘 알려져 있는 대로 이러한 복지 손실은 '자그마한' 관세에 대해서는 매우 적은데, 그 이유는 관세에 영향을 받는 첫 번째 단위에 있어서 단위당 복지 손실이 거의 0이나 다름없기 때문이다.

그렇지만 이러한 경우도 생산에서 전 세계적 외재성에 기인한 이득이 있다. 모든 단위가 생산되지 않는 상황에서도 일차적으로 그 이득이 더 크기 때문에 세계가 생산의 사회적 비용과 개인적 비용 사이의 차이와 동일한 복지를 경험하게 된다. 이는 적은 탄소 관세가 항상 전 세계 복지를 증진시킨다는 것을 따르고 있다.

이 결과 뒤에 놓인 직관적 통찰은 분명하다. 관세가 적기만 하다면, 자국 내 소비자부터 해외의 소비자에 이르기까지 소비 재분배의 2차적 중요성의 손실만을 발생시킨다. 그러나 더 낮은 해외 생산으로부터 발생하는 세계 복지의 이득은 일차적으로 중요하다. 이러한 주장은 전적으로 탄소 누출의 크기와는 독립적이다. 그러므로 부문별 경쟁력 손실에 기반을 두어 탄소세를 반대하는 자들은 (예를 들어, Gurria, 2009) 중요한 이슈를 놓치고 있는 것이다.

6.2. 정책 함의

이 분석의 실용적 정책 함의는 분명하다. 세계는 EU[(탄소) 배출거래 시스템을 운영하는 세계 유일의 중요 지역]가 제시한 (적은) 탄소 수입 관세 부과로부터 이득을 얻을 것이다.[2] 그럼에도 불구하고 관세의 정당성은 보통 정치인(혹은 산업)이 이끄는 정당성과 판이하게 다를 것이다. EU 산업 분야에서 '경쟁의 장을 공평하게 만드는 것'이 아니라 지구 환경을 보호하는 것이다.

이러한 관세가 세계무역기구(WTO)의 규칙과 양립할 수 있다는 의미를 갖고 있기 때문에 이것은 주요한 차이점이 된다. 세계무역기구의 제20조항은 만일 그 목적이 전 세계 천연자원을 보호하는 것이라면 예외를 허락하고 있다.[3]

---

2) 제도적으로 이것은 매우 직접적이다. EU는 관세 동맹에 관련된 모든 문제에 있어서 유일하게 그 역량을 갖추고 있다. 탄소 국경세를 부과한다는 결정은 유럽 위원회가 주도해서 시작해야 하며, 유럽 정상회의와 유럽의회에서 승인을 받아야 한다. 위원회의 승인은 가중다수결(qualified majority)을 요구한다.

3) 탄소 수입 관세의 경제학은 명확하다. 정치가 오히려 지저분하다(messy). 개발도상국가 수출에 반하는 EU 관세가 대규모로 증가하면 개발도상국가는 확실히 불리하다고 느끼게 될 것이다. 전 세계 복지가 증가하는 반면에 그들은 손실을 입을지도 모른다. 그러나 그 정치적인 문제에서 쉽게 빠져나갈 길이 있다. EU는 더 가난한 수출국가들이 경제의 탄소 강도를 감소시키는 데 도움을 주는 수익을 관세로부터 가져다 쓰겠다고 한마디로 약속할 수 있다.

6.3. 관세는 얼마나 높아야 하는가?

　매우 구체화된 모델에서(Gros, 2009a), 전 세계 복지를 극대화시키는 관세는 정말로 존재한다고 나타난다[자국이 탄소 배출권 거래제도(cap - and - trade system)를 갖고 있지만 나머지 국가들은 그렇지 않다는 전제하에]. 최적의 관세는 거의 해외 생산에서 외재성과 동일하다.

　EU의 탄소 수입세가 얼마나 높을지 계산하려면, 수입품의 탄소 함유량 측정부터 시작해야 한다. Weber et al.(2008)은 중국(2005년 자료) 수출품 내 함유된 전체 이산화탄소는 대략 1,67천만 톤 혹은 모든 중국 배출의 30% 이상에 이른다[전문용어로 이것은 소위 '수출품에 내재된 탄소 배출량(Embodied emissions in exports)' 측정].

　이 비율은 중국 경제에서 수출이 차지하는 비중과 대략 상응한다(약 35%). 2005년 중국의 총수출은 약 7,600억 달러에 달하는 상황에서, 평균 탄소 강도가 수출 1,000달러당 이산화탄소 2톤보다 조금 더 많음을 알 수 있다. Gros(2009b) 연구의 표 1은 탄소 강도에 있어서 차이가 있음을 보여주는 증거를 제시하고 있는데, 인디아와 러시아 같은 국가들의 탄소 강도와 비슷한 정도이다. 마지막으로 필요한 정보는 국내 탄소 가격이다. 현대 ETS 내 탄소 가격은 톤당 12~13유로에서 움직인다(혹은 이산화탄소 1톤당 20달러보다 약간 낮음). 이는 EU로 가는 중국의 수출품 평균 가격에 대해서 약 3.5~4%의 수입 관세로(중국에서 들여오는 수입품 1,000달러당 17~20달러의 두 배에 해당) 해석될 수 있다. 이는 무시할 만한 것이 아니다 – 정말로 최혜국 관세 평균과 가깝다. 최혜국 관세 평균이 탄소 가격과 같은 크기이다. 심지어 그렇다 하더라도 중국 생산품의 탄소 강도에 강하게 영향을 미칠 것 같지는 않다.

위기 이전에, 유럽 위원회는 EU 2020 약속을 이행하려면 탄소 가격이 톤당 약 40~50유로가 되어야 한다고 추산했다. 실제 탄소 가격이 상당히 많이 낮아진 이유는 아마도 위기가 2020년 기대 GDP를 거의 10% 정도 크게 하락시켰기 때문일 것이다(위기는 그 자체 충격으로 약 5%의 GDP 손상으로 이어졌다. 더군다나 성장률은 0.5% 정도 더 하락했을 수도 있다. 10년 동안 이 두 영향은 대략 10%에 이르게 될 것이다). 현재 환율에서, 이것은 톤당 약 50~65달러로 환산될 것이므로, 탄소 수입 관세는 10%를 살짝 넘기게 된다. 그렇지만 중국이 수출 고도화를 증진시켜서 탄소 강도를 줄이고 있기 때문에 그 평균 비율은 낮아지게 될 것이다.

6.4. 요약

이 장에서 논의한 바의 의미는 현재 2020 기후 목표는 EU의 크나큰 노력을 필요로 하지 않는데, 그 노력은 ETS의 낮은 탄소 가격에 반영되어 있다는 것이다. 경제 이론은 국경에서 가격을 매기는 것으로 내부의 탄소 가격 책정을 보충하는 것이 이치에 맞는 것임을 보여준다. 그러나 현재 이 소극적인 목표하에서, 탄소 가격이 저토록 낮을 때(3%) EU가 탄소 수입세를 부과하는 정치적 비용을 감당하는 것은 말이 안 된다.

따라서 EU는 두 가지 중에 하나를 선택해야 한다.

1) 소극적인 현재 2020 목표를 확정
   이런 경우, '도덕적 리더십'을 실제적으로 주장할 수 없으며, 지구 온난화에 대한 영향은 미미할 것이다.

2) 목표 수준을 - 30%로 상향(1990년 기준과 비교)
   이것은 더 높은 내부 탄소 가격을 의미하고, 도덕적 리더십을 회복하며, 국경에서 탄소 가격을 책정하는 것도 정당화한다. 전체적으로 이 것은 중국과 인도, 러시아와 같이 탄소 배출량이 높은 국가로부터 수 입하는 품목들에 있어서 탄소 가격이 상당하다는 것으로 해석될 것이 며, EU 밖에서 생산된 품목의 탄소 강도에 중요한 영향을 미칠 수도 있다.

유럽 2020 전략과 유럽연합의 넓은 경제 거버넌스 구조

7

유럽 2020 전략은 유럽 경제의 구조적 약점을 대처하는 장기적 접근방식이었던 리스본 전략을 계승하면서 발전된 것이다(Bongardt & Torress, 2010). 유럽 2020 전략을 리스본 전략과 차별화시키는 한 가지 측면은 5개의 주요 특정 목표에 집중하는 것이다. 이 다섯 가지 목표는 스마트하고 지속 가능하며 포괄적인 성장이라는 전체 목표를 대표한다고 볼 수 있다. 사회적 시장 경제로서 EU의 근원적 비전은 보다 광범위하나 3대 최우선과제와 중점 추진책에 그 윤곽이 드러나 있다(European Commission, 2010a). 유럽 2020 전략을 달성하기 위해서 유럽 정상회의는 10대 가이드라인을 제안했다(표 7.1.에 나타나 있으며 다음에서 논의될 것이다). 이 가이드라인은 정책을 추진하는 회원국들이 목표를 달성하도록 이끌어 나가는 것이다(European Commission, 2010b).

유럽 2020 전략은 유럽연합의 경제 거버넌스, 특히 유로 지역이라는 보다 폭넓은 맥락에서 바라보아야 한다. 우리는 이 구조의 중요 요소 일부를 간단히 논의할 것이다.

유럽 2020 전략이 위기 이후에 시작되었지만 위기에 대한 대응으로 고안된 것은 아니다. 그러나 전 세계 경제 및 금융 위기에 뒤이은 유로 지역의 부채 위기는, 특히 경제적 및 재정적 연합(EMU)에서 유럽 2020 전략 작동을 위한 적절한 환경조성의 필수 조건으로 유럽의 경제 거버넌스 강화의 필요성을 노출시켰다. 그러므로 새로운 추진책은 현재의 도전에 더 잘 대처하기 위해 설정된 것이다. 이러한 추진책은 위원회가 제시한 경제 거버넌스 패키지(economic governance package)에 대부분 나타나 있으며, 그 안에는 유로 - 플러스 협약(European Council, 2011) 소개와 더불어 유럽 세메스터(European Semester, European Commission, 2011e)가 그 핵심 분야이다(European Commission, 2011a, b, c, d).

표 7.1. 전략별 가이드라인과 목표 소개

유럽 2020 통합 가이드라인	연례성장보고서	유로 - 플러스 협약
■ 국가 재정의 질과 지속가능성 확보 ■ 거시경제 불균형 해결 ■ 유로 지역의 불균형 감소 ■ R&D 및 혁신에 대한 지원 최적화, 지식 트라이앵글(knowledge triangle) 강화, 그리고 디지털 경제의 가능성 촉진 ■ 자원 효율성 개선 및 GHG 배출 감소 ■ 기업 및 소비자 환경 개선 및 산업 기반 현대화 ■ 노동시장 참여 증대 및 구조적 실업 감소 ■ 노동시장 수요에 따른 숙련 인력 개발, 고용의 질과 평생학습 촉진	■ 엄격한 재정 건전화 시행 ■ 거시경제 불균형 조정 ■ 금융 부문의 안정성 확보 ■ 매력적인 일자리 만들기 ■ 연금제도 개혁 ■ 실업자의 직장 복귀 ■ 안정성과 유연성의 조화 ■ 단일 시장의 잠재력 활용 ■ 금융 성장에 민간 자본 유치 ■ 에너지에 대한 비용 효과적 접근법 개발	■ 경쟁력 육성 ■ 고용 촉진 ■ 국가 재정의 지속가능성 강화 ■ 금융 안정성 강화

■ 모든 방면의 교육 및 훈련 시스템 성과 개선, 고등교육 참여 확대 ■ 사회통합 촉진 및 빈곤 퇴치	

출처: European Council(2011).

경제 거버넌스를 강화시키기 위한 방법의 차이, 즉 첫 번째 경우에는 공동체 방법(community method) 그리고 유러 - 플러스 협정의 경우에는 정부 간 접근방법이라는 두 방법론의 차이 이외에도, 양쪽 전략 모두 최소한 서류상으로라도 협력 향상을 추구한다. 유럽 위원회가 제시한 패키지는 정책 결정 이행과 성취 결과 감시에 있어서 다운스트림 조정(downstream coordination)에 집중하는 반면에, 유로 - 플러스 협약은 특정 정책이 수립되고 이행되기 전에 의도적으로 정부 간 업스트림 조정(upstream coordination)을 실행하려고 한다. 다시 말하자면, 최소한 서류상으로라도 패키지는 재정 결정이 여전히 국내 영역의 일부라는 사실을 반영해야 한다.

그러나 때때로 서류상 구별하기 쉬운 것들이 실질적으로는 훨씬 더 복잡하며, 그리고 경제 거버넌스의 다른 요소들은 정기적으로 EU 혹은 유로 지역 차원에서 중첩되거나 충돌을 일으킬 수도 있다.

7.1. 유럽 학기제도(European Semester)

유럽 세메스터는 처음 EU 차원에서 경제정책의 연계 수순을 높이기 위한 전략으로 개발되었다. 이 제도는 회원국과 EU 간의 보다 긴밀한 협력을 구축하는 데 목적을 두고 있다. 유럽 세메스터는 성장 서베이 연감(Annual Growth Survey)과 함께 시작되었는데, 이 서베이는 유럽 2020 목표를 향한 진전 상태(European Commission, 2011a), 거시경제 상황(European Commission, 2011b), 그리고 고용조건(European Commission, 2011d)에 대한 조사이므로 성장을 향한 로드맵을 제공해야 한다. 성장 서베이 연감(Annual Growth Survey)의 목표는 주로 당면한 문제점에 대응하고 유럽 2020 목적(European Commission, 2010a)을 향해 구조적으로 전진하기 위한 단기적이고 필수적인 모든 조치를 파악하는 것이다. 유럽 2020 전략과는 달리, 유럽 세메스터는 EU 내에서 성장과 경쟁력, 안정성을 이루기 위하여 유럽 차원에서 정한 정책적 목표를 감시하고, 논의하며, 평가하고, 강화하기 위한 보다 강력하고 완벽한 체제를 갖고 있다. 유럽 세메스터는 단기적 어려움을 포함해서 유럽 2020 및 회원국의 전반적인 경제 상황 모두를 다루기 위해 설립된 것이다(European Commission, 2011e).

7.2. 거시경제 감시

위원회의 제안서는 경제적 위기의 주범으로 널리 알려진 거시경제 불균형을 방지하고 수정하기 위한 하나의 원칙을 소개하고 있다. 그 원칙의 경고 메커니즘은 스코어보드 개발에 바탕을 두고 있으며, 그 스코어보드는 잠재적으로 문제가 있는 거시경제 불균형을 가진 회원국을 파악해 내는 데 목적이 있다. 스코어보드는 대내 및 대외불균형에 대한 조기 경보를 발령하는 데 가장 유용한 7개 지표들을 면밀히 감시한다(European Economic and Social Committee, 2011). 대외불균형 지표는 다음 세 가지를 포함하게 될 것이다. ⅰ) 경상수지가 GDP에서 차지하는 비중, ⅱ) 순 외화 금융자산이 GDP에서 차지하는 비중, ⅲ) 실질 실효환율의 변화. 대내불균형의 지표는 다음 4가지 신호와 관련이 있을 것이다. ⅰ) 실질 주택가격의 변화 혹은 대안으로, 건설 부문에서 부가가치 변화, ⅱ) 민간 부문 GDP 대비 부채 비율, ⅲ) 민간 부문 신용 변화 그리고 ⅳ) 공공 부분의 부채가 GDP에서 차지하는 비중.

비록 스코어보드 지표 선택이 얼핏 보기엔 다소 임의적으로 보이기도 하지만, 유럽 위원회는 이를 기계적으로 읽어 내지 말고 스코어보드의 경제적 함의를 읽어 내는 데 그 중요성이 있다고 강조한다. 지표의 한계점은 완전히 명시적이며 경고 수준으로 쓰인다. 일단 한 국가가 거시경제 불균형에 영향을 받게 될 것 같다면(혹은 영향을 받고 있는 위기라면), 위원회는 해당 회원국을 심층 검토하여 그 국가의 특수한 상황을 고려할 것이다. 검토 이후에 유럽 정상회의가 그 국가의 불균형 가능성을 알려주고 그 회원국에 대한 권고사항을 발표할 것이다. 해당 국가는 위원회의 검토사항을 바탕으로 수정 조치 계획을 제출해야 한다. 이러한 일련의 진행상황은 유럽 위원회사를 관찰하게 된다.

스코어보드는 위기의 잠재적 지표들로서 대외균형 변수를 특히 중요시 여긴다. 이러한 접근방식 뒤에는 대외불균형을 지속적으로 겪고 있는 국가에 대해서 조정을 요구해야만 한다는 암묵적 가정이 놓여 있다. 이러한 맥락에서, 주요 조정 메커니즘은 저임금 비용구조를 통해 작동하는데, 저임금은 실질 환율을 향상시켜 수출을 촉진시키며 불균형을 흡수하는 데 기여하게 될 것이다. Alcidi & Gros(2010)의 연구에도 나타난 이러한 합리적인 논리 전개에도 불구하고 이러한 논의가 항상 현실에 부합하지는 않는다. 자료는 지난 십 년 동안 경쟁력을 가장 크게 상실한, 예를 들면 아일랜드와 같은 그러한 국가들이 생산성에서 가장 높은 향상을 얻었음을 보여준다.

De Grauwe(2011)는 최근 주장하기를, 스코어보드 제안이 올바른 방향으로 나아가는 하나의 발걸음이긴 하지만 역시 한계가 있다고 한다. 그는 유럽 위원회가 감시하는 변수에 대하여 국가들이 제한된 통제권을 갖고 있음을 지적한다 – 지역 경제의 호황과 거품은 주로 과도한 신용 팽창을 통해서 생성되었으며 거품을 위험하게 만드는 것은 바로 거품과 신용 팽창의 결합이다. 그러므로 국가의 불균형을 수정하려는 시스템 역시 지역 경제의 신용 팽창에 대처해야 한다. 이런 측면에서 보면, 재정정책은 불균형을 방지하는 데 중요한 역할을 수행할 수 있다. ECB(European Central Bank, 역자 추가)의 의무는 오로지 가격 안정화를 포함하고 있으며 금융 안정성을 제공하는 제도가 부족하다는 주장이 자주 제기되고 있지만, De Grauwe는 유로시스템이 국가별로 지급준비율을 다르게 설정할 수 있도록 허락했기 때문에 통화 발행과 신용 팽창에 영향을 미칠 수 있다는 주장을 견지한다.

7.3. 유로-플러스 협약(Euro-plus Pact)

유로-플러스 협약은 2011년 3월 유로 지역에 중요한 금융 지원 메커니즘을 보완하자는 결론으로 나온 것이다. 이 협약은 유로존 통합을 가속화할 수 있도록 회원국 사이의 경제정책 공조를 강화하고 경쟁력을 증진시켜 - 특히 현재 난관을 겪고 있는 국가에서 - EMU(European Economic and Monetary Union, 역자 추가)의 경제 원칙을 보강하고자 한다. 현재, EMU에 속하지 않은(non-EMU) 6개의 국가(불가리아, 덴마크, 라트비아, 리투아니아, 폴란드, 루마니아)도 협약을 따르기로 결정하였다. 이 협약은 국가별 능력에 관심을 두고 경쟁력을 그 핵심사항으로 본다. 협약이 갖는 4개의 주요한 목적은 표 7.1.에 나타나 있다(European Council, 2011).

그러나 경쟁력을 향한 엄청난 설계를 하려는 현재의 노력은 절차와 규율로 국가 간 차이를 줄여 나가려는 목적을 가지고 있지만 다음과 같은 이유로 유럽의 경제 거버넌스를 강화시키거나 유로존 위기를 해결하는 데 별로 도움 되지 않을 것 같다. 먼저, 경쟁력을 측정하도록 제시된 여러 요소가 오류가 있는 데다 그 유용성이 제한적인 경향이 있다(Gros, 2012를 보라).

이것은 기술적인 문제처럼 보이지만, 미래 위기를 방지하는 데 새로운 메커니즘이 소용없다면 EU가 자신의 문제도 처리할 능력이 없다는 뜻만 가중시키게 될 것이므로 대단히 중요하다. 둘째, 경쟁력 지표로 제시되어 있는 차이점 감소 방안을 예외적으로 강조하게 되면 왜 이 사태가 발생하였는가와 같은 실제 질병은 제쳐 두고 증상, 더 구체적으로 경쟁력 자체의 차이에만 온통 주의를 기울이게 될 위험이 있다.[1] 마지막으로, 그렇지만 중요한 것은 현재의 위기가 국가 부채와 은행 부채의 위기라는 점이다. 그러나 거버넌스에 대한 현재 진행되는 논의는 실제도 부채 문제를 소개하는데 실패했고, 결과적으로 이 문제를 해결할 수도 없었다.

---

1) Alcidi & Gros(2010) 참조.

7.4. 결론

경제 정책 공조는 여러 체제 안에서 일어나고 있으며 다른 집단의 참여자들과도 진행되고 있다. Box 7.1.은 가장 중대한 한 가지를 보여준다. 다른 체제 사이의 가변성과 공조는 일반적으로 EU의 경제 거버넌스에 있어서 주요 이슈이다.

Box 7.1. 경제 정책 공조의 가변성(variable geometry in economic policy coordination)

모든 국가는 공식적으로 유럽 2020에 참가하고 있지만 일부 국가들은 다른 국가들보다 더 긴밀한 협력에 참여하고 있으며 한 회원국은 2020 전략에 아무런 열정도 보여주지 않고 있다.

유로 지역	17개 국가
유로-플러스 협약	23개 국가: 유로 지역 - 17 + 불가리아, 덴마크, 라트비아, 리투아니아, 폴란드 그리고 루마니아
유로-플러스 협약에는 없지만 유럽 2020에 참여	에스토니아, 헝가리, 체코 공화국
유럽 2020 전략에 국가 목표 없음.	영국

유럽 2020 전략은 EU 회원국들이 고용과 사회통합, 생산성을 향상시키는 데 도움이 되는 중장기 우선과제를 선정하기 위해 고안된 광범위한 성장 전략이다. 이 목표는 특정 회원 국가가 유로 지역에 있는지 유로 - 플러스 협약에 참여하고 있는지와는 관련이 없다. 2008~09 기간의 경기침체와 계속되는 유로존 부채 위기는 2020 목표 달성이 더욱 어려워지는 환경을 조성하고 말았다. 그 반응으로 회원국과 유럽 기구들은 더 나은 경제 협력을 이루기 위한 유로 지역 내 경제 거버넌스를 강화하기로 결정했다. 그 기저에는 기존 제도를 향상시키고 규칙을 보다 강화하면 유럽 2020 전략 수행에 우호적인 조건을 다시 설정하게 될 것이라는 가정이 깔려 있다. 이런 의미에서, 유럽 2020 전략이 새로 등장하는 유럽(혹은 유로 지역) 거버넌스 구조의 일부분이 아닐지라도 전적으로 관련되어 있다. 근본적인 질문은 여러 다른 수준에서 그리고 수많은 상이한 체제 속에서도 보다 넓은 경제 협력은 유럽 2020 전략이 작동할 조건을 가져오는가의 문제다. 앞서 논의한 대로, 회의적 시각이 있다. 그렇지만 비난이 지나친 것은 아니며 거버넌스 개혁은 지금까지 그 진로를 가로막을 수 없었다. 주요 원인은 위기의 뿌리가 유럽 수준에서의 여러 거버넌스 개혁에 의하여 알려진 것이 아니었기 때문이다.

현재 유로존 위기를 어떻게 대처할 것인지에 모든 주의를 집중시키고 있다. 비유로 회원국은 관심을 훨씬 적게 받는 상태이다. 국내 및 EU 차원의 정책 입안자들에게 닥친 시련은 경쟁력 향상에 대단히 중요한 장기 과제에 대한 관심을 지금 들이닥친 위기를 대응할 필요성으로 돌려놓지 못한다는 것이다.

경제 거버넌스의 여러 체제를 하나의 전체적 통합된 틀을 만드는 데 있어서 한 가지 주요 문제점은 틀마다 상이한 '경쟁력'의 의미이다. 우리는 유럽 2020 전략의 맥락에서, 경쟁력은 반드시 생산성을 의미한다고 주장했다. 그렇지만 유로 - 플러스 협약의 맥락에서 경쟁력은 개별 회원 국가의 상대적인 노동비용에 보다 더 관련이 있다.

유럽 2020 내에서 강제 메커니즘에 대한 필요성은 그 존재 첫해부터 분명히 대두되었다. 이 연구에 써 놓은 대로, 상향식 접근법은 많은 경우에 잘 작동하는 것처럼 보이지 않는다. 국가별 약속이나 목표의 총합은 회원국들이 집단적으로 동의했던 수치에 추가되지 않는다. 다만 유럽 2020 전략이 리스본 전략의 운명을 피하고 싶다면, 이 문제가 중요한 이슈로 언급되어야 한다. 그러나 이런 일이 일어날 기미조차 거의 보이지 않는다.

그렇지만 전체적으로 많은 국가들에서 요구되는 개혁을 꾸준히 '도입'하려는 절호의 희망은 지금까지 실행된 유럽 경제 거버넌스의 정교한 메커니즘보다는 금융시장의 지속적 압력에 놓여 있는 듯이 보인다.

결론

　유럽 2020 전략에 대한 우리의 최종 평가는 양면적이다. 한편으로 전략이 주요한 정책 파라미터로서 교육을 강조하는 것은 정확하다. 우리 연구가 보여준 대로, 교육은 혁신 향상과 고용 증대, 조기 학업 중퇴자의 비율 감소를 통한 잠재적 빈곤 감소에 있어서 중요한 역할을 수행하는 것으로 보인다. 다른 한편으로 유럽 2020 전략은 약점을 갖고 있다. 교육 영역에서는, 이 전략은 전적으로 양적 지표에만 초점을 맞추고 있다. 대학 순위와 같은 질적 지표 또한 고려해야 한다. 질적 지표는 미국과 비교해서 대부분의 유럽 경제가 갖는 약점들을 드러내 줄 것이다. 나아가 이 전략에 나타난 혁신의 정의가 R&D에만 초점을 맞추고 있기 때문에 오류가 있는 것으로 보인다. 대신에 무형자본에 대한 새로운 개념을 사용해야 한다. 사회 통합에 관해서 이 전략은 지나치게 좁은 시각으로 빈곤이나 소외에 집중하고 있는데다가, 심지어 소득 불평등조차 측정하지도 않은 채 사회통합 전체를 망라할 수는 없을 것이다. 더 나아가서, EU – 27 전체에 대한 총 지표는 기존 회원 국가와 신규 회원 국가 사이의 심한 차이점을 감추고 있는 듯하다.

그러는 동안 유로 지역의 계속된 부채 위기는 EU 내에서 북 - 남측의 차이가 심화되고 있음을 드러내 준다. 먼저, 교육에 대한 투자는 질적 그리고 양적 측면 모두에서 강화되어야 하며, 특히 지중해 국가에서 강화되어야 한다. 예를 들면, 스페인과 이탈리아는 중퇴자 비율을 감소시켜야 하고, 특히 이탈리아는 고등교육 이수비율을 증가시켜야 한다. 앞으로는 특히 이 두 국가의 노동력 가운데 여성에게 적용되어야 하는데, 여성의 기술수준이 향상되어야 하기 때문이다. 지중해 국가 역시 장기적인 경쟁력 제고를 위해서 무형자본에 대한 투자를 늘려야 한다(그리하여 혁신에 대해서도). 이 모든 것은 EU가 2020 목표 달성을 위해서뿐만 아니라 이들 국가가 현재 위기를 타개하기 위해서도 필요하다.

그렇지만 공공 기관들이 발전한다면 이 모든 것이 가능할지도 모른다. 일단 지중해 국가들이 사회적 자본과[1] 기관들을 강화하기만 한다면 교육과 혁신에 관한 투자는 증가할 것이다(그리고 많은 이득을 생산할 것이다). 이 주장은 전환 국가에서도 여전히 유효하다. 전환 국가의 정부 효율성 수준과 체제 신뢰 수준은 여전히 낮기 때문이다.[2] EU - 27 전체에서 정부 효율성이 충분한 수준에 도달하는 것은 전체적으로 EU를 보다 경쟁력 있게 만드는 데 핵심적인 조건이 된다.

우리 보고서는 2020 전략에서 EU의 자금조달 역할을 논하지는 않는다. 그렇지만 구조기금(structural funds)이 공항이나 고속도로보다는 사회적 자본 확충과 효과적인 제도 설립에 사용되어야 한다는 의미는 분명히 존

---

1) Roth(2009a) 참조. Roth는 낮은 수준의 상호 신뢰를 갖는 유럽 국가들은 신뢰구축 장치에 투자해야 한다고 주장한다.

2) Roth(2009b) 참조.

재한다. 물론 교육 투자는 유용하지만 우리 연구는 기업 고유의 교육과 디자인, IT 혁신과 같은 다른 '무형자본'에 투자하는 것이 훨씬 더 중요할 것이라고 주장한다.

　마지막으로, '녹색 전선(green front)'에서는 경기침체와 느린 경기회복이 제1대 과제, 즉 온실가스 배출 20% 감축 추진을 다소 수월하게 만들어 주었다. 보다 야심찬 목표, 즉 30% 감축 목표로 옮겨 가고, 유럽 배출 거래 시스템을 통한 내부의 탄소가격 책정을 외부 차원, 즉 탄소수입세로 보충할 만한 조건이 성숙된 듯하다.

참고문헌

Acemoglu, D.(1998), "Why do new Technologies Complement Skills? Directed Technical Change and Wage Inequality", Quarterly Journal of Economics, Vol.113, No.4, pp.1055~1089.

Aghion, P. and P. Howitt(1992), "A Model of Growth through Creative Destruction", Econometrica, Vol.60, No.2, pp.323~351.

Alcidi, C. and D. Gros(2010), Fiscal policy coordination and competitiveness surveillance: What solutions to what problems? CEPS Policy Brief No.213, Centre for European Policy Studies, Brussels.

Atkinson, A., E. Marlier and B. Nolan(2004), "Indicators and targets for social inclusion in the European Union", Journal of Common Market Studies, Vol.42, No.1, pp.47~75.

Autor, D., L. Katz and A. Krueger(1998), "Computing Inequality: Have Computers Changed the Labor Market?", Quarterly Journal of Economics, Vol.113, No.4, November, pp.1169~1214.

Barro, R.(1991), "Economic Growth in a Cross-Section of Countries", Quarterly Journal of Economics, Vol.106, No.2, pp.407~443.

Barro, R. and J. - W. Lee(2010), "A New Data Set of Educational Attainment in the World, 1950 - 2010", NBER Working Paper No.15902, National Bureau of Economic Research, Cambridge, MA, April(http://www.nber.org/papers/w15902).

Barro, R. and X. Sala - i - Martin(2004), Economic Growth, Cambridge, MA and London: MIT Press.

Bassanini, A. and S. Scarpetta(2001), "Does Human Capital Matter for Growth in OECD Countries? Evidence from Pooled Mean - Group Estimates", OECD Economics Department, Working Papers 282, OECD, Paris.

Begg, I., C. Erhel and J. Mortensen(2010), "Medium - term Employment Challenges", CEPS Special Report, Centre for European Policy Studies, Brussels, January.

Boeri, T.(2002), "Let Social Policy Models Compete and Europe Will Win", paper presented at a conference hosted by the Kennedy School of Government, Harvard University, 11 - 12 April.

Bongardt, A. and F. Torres(2010), "The Competitiveness Rationale, Sustainable Growth and the Need for Enhanced Economic Coordination", Intereconomics, Vol.45, pp.136~137.

Coe, D. and E. Helpman(1995), "International R&D Spillovers", NBER Working Paper No.4444, National Bureau of Economic Research, Cambridge, MA.

Corrado, C., C. Hulten and D. Sichel(2005), "Measuring Capital and Technology: An expanded framework", in C. Corrado, J. Haltiwanger and D. Sichel(eds), Measuring Capital in the New Economy, NBER, Studies in Income and Wealth 65, Chicago, IL: University Chicago Press, pp.11~45.

_____(2009), "Intangible Capital and U.S. Economic Growth", Review of Income and Wealth, Vol.55, No.3, pp.661~685.

Dauderstädt, M. and C. Keltec(2011), "Immeasurable Inequality in the European Union", Intereconomics, Vol.46, No.1, pp.44~51.

De Grauwe, P.(2011), "The Governance of a Fragile Eurozone", CEPS Working Document No.346, Centre for European Policy Studies, Brussels.

De La Fuente, A. and R. Doménech(2006), "Human Capital in Grow the Regressions: How much difference does data quality make?", Journal of the European Economic Association, Vol.4, No.1, pp.1~36.

Dell'Anno, R. and F. Schneider(2003), "The Shadow Economy of Italy and other OECD Countries: What do We Know?", Journal of Public Finance and Public Choice, Vol.21, Nos.2 - 3, pp.97~121.

Edquist, H.(2009), "Can Investment in Intangibles explain the Swedish Productivity Boom in the 1990's?" Review of Income and Wealth, Vol.57, No.4, pp.658~682.

Esping - Anderson, G.(1990), The Three Worlds of Welfare Capitalism, Princeton, New Jersey: Princeton University Press.

European Commission(2010a), "EUROPE 2020 - A strategy for smart, sustainable and inclusive growth", COM(2010) 2020 final, Brussels, 3 March(http://europa.eu/press_room/pdf/complet_en_barroso___007_ - _europe_2020_ - en_version.pdf).

_____(2010b), Recommendation for a Council Recommendation of 27.4.2010 on broad guidelines for the economic policies of the Member States and of the Union, Part I of the Europe 2020 Integrated Guidelines, SEC(2010) 488 final, Brussels, 27 April(http://ec.europa.eu/eu2020/pdf/COMM_PDF_SEC_2010_0488_F_EN_RECOMMANDATION.pdf).

_____(2011a), "Annual Growth Survey: Advancing the EU's comprehensive response to the crisis", COM(2011), 11 final, Brussels(http://ec.europa.eu/europe2020/pdf/en_final.pdf).

_____(2011b), "Annual Growth Survey, Annex 2, Macro - economic Report", COM(2011), 11 final, Brussels(http://ec.europa.eu/europe2020/pdf/2_en_annexe_part1.pdf).

_____(2011c), "Annual Growth Survey, Annex 1, Progress Report on Europe 2020", COM(2011), 11 - A1/2, Brussels(http://ec.europa.eu/europe2020/pdf/1_en_annexe_part1.pdf).

_____(2011d), "Annual Growth Survey, Annex 3, Draft Joint

Employment Report", COM(2011), 11 final, Brussels(http://ec.europa.eu/europe2020/pdf/3_en_annexe_part1.pdf).

_____(2011e), "European Semester", MEMO 11/14, Brussels(http://ec.europa.eu/europe2020/pdf/m11_14en.pdf).

_____(2011f), "A roadmap for moving to a competitive low carbon economy in 2050", COM(2011) 112 final, Brussels, 8 March(http://ec.europa.eu/clima/policies/roadmap/index_en.htm).

_____(2011g), "Proposal for a Directive of the European Parliament and of the Council on energy efficiency and repealing Directives 2004/8/EC and 2006/32/EC", COM(2011) 370 final, European Commission, Brussels, 22 June.

European Council(2000), "Presidency Conclusions", Lisbon, 23 – 24 March(http://www.consilium.europa.eu/uedocs/cms_data/docs/pressdata/en/ec/00100 – r1.en0.htm).

_____(2011), Conclusions of the European Council of 24 – 25 March, EUCO 10/1/11, Rev 1, Brussels, 20 April(http://www.consilium.europa.eu/uedocs/cms_data/docs/pressdata/en/ec/120296.pdf).

European Economic and Social Committee(2011), ECO/286 Macroeconomic imbalances, Brussels, 4 March(www.toad.eesc.europa.eu).

European Parliament(2011), "Report on the proposal for a regulation of the European Parliament and of the Council on the prevention and correction of macroeconomic imbalances", A7 – 0183/2011, Committee on Economic and Monetary Affairs, 6 May(http://www.europarl.europa.eu/sides/getDoc.do?pubRef = – //EP//NONSGML+REPORT+A7 – 2011 – 0183+0+DOC+PDF+V0//EN).

Eurostat(2011), "Share of renewable energy in gross final energy consumption %", European Commission, COM(2011) 370 final, Brussels(http://epp.eurostat.ec.europa.eu/tgm/table.do?tab = table&init = 1&language = en&pcode = tsdcc110&plugin = 1).

Flassbeck, H. and F. Spieker(2011), "Monetarismus und 'Wettbewerb der Nationen' sind die Totengräber des Euro", Wirtschaftsdienst 91: 377 – 381.

Franzini, M.(2009), "Why Europe Needs a Policy on Inequality", Intereconomics, Vol.44, No.6, pp.328~332.

Fukao, K., T. Miyagawa, K. Mukai, Y. Shinoda and K. Tonogi(2009), "Intangible Investment in Japan: Measurement and Contribution to Economic Growth", Review of Income and Wealth, Vol.55, No.3, pp.717~736.

Giddens, A.(2006a), "Debating the Social Model: Thought and Suggestions", The Hampton Court Agenda: A Social Model for Europe, London: Policy Network, pp.95~150.

_____(2006b), "Towards a new European Social Model", presentationgiven at a research seminar at the Department of Sociology at London School of Economics and Political Science, London.

_____(2007), Europe in the Global Age, Cambridge: Polity Press.

Golding, C. and L. F. Katz(2007), "Long – Run Changes in the Wage Structure: Narrowing, Widening, Polarizing", Brookings Papers on Economic Activity, Brookings Institution, Washington, D.C., Vol.38, No.2, pp.135~168.

_____(2008), The Race between Education and Technology, Cambridge, MA: The Belknap Press of Harvard University Press.

Griffith, R., S. Redding and J. Van Reenen(2004), "Mapping the two faces of R&D: Productivity Growth in a Panel of OECD Industries", Review of Economics and Statistics, Vol.86, No.4, December, Cambridge, MA: MIT Press, pp.883~895.

Gros, D.(2009a), "Global Welfare Implications of Carbon Border Taxes", CEPS Working Document No.315, Centre for European Policy Studies, Brussels, July.

_____(2009b), "Why a cap – and – trade system can be bad for your health", VoxEU.org, 5 December.

_____(2012), "Macroeconomic Imbalances in the Euro Area: Symptom or cause of the crisis?", CEPS Policy Brief No.266, Centre for European Policy Studies, Brussels.

Gros, D. and C. Alcidi(2011), "Sense and Nonsense of the Euro Plus Pact", in The Contribution of 16 European Think Tanks to the Polish, Danish and Cypriot Trio Presidency of the European Union, Directed by Elvire Fabry, Notre Europe, Paris.

Gros, D. and F. Roth(2008), "The Post - 2010 Lisbon Process - The Key Role of Education in Employment and Competitiveness", in Die Zukunft der Wirtschaftspolitik der EU, Bundesministerium für Wirtschaft und Arbeit(BMWA), Vienna.

Grossman, G. M. and E. Helpman(1994), "Endogenous Innovation in the Theory of Growth", Journal of Economic Perspectives, Vol.8, pp.23~44.

Guellec, D. and B. Van Pottelsberghe(2001), "R&D and productivity growth: Panel data analysis of 16 OECD countries", OECD Economic Studies No.33, 2001/ II, OECD, Paris.

Gurria, A.(2009), "Carbon has no place in global trade rules", Financial Times, 4 November.

Hall, P. and D. Soskice(2001), Varieties of capitalism, Oxford: Oxford University Press.

Hanushek, E. and L. Wößmann(2007), "The Role of School Improvement in Economic Development", NBER Working Paper No.12832, National Bureau of Economic Research, Cambridge, MA.

Holmberg, S., B. Rothstein and N. Nasiritousi(2009), "Quality of government: What you get", Annual Review of Political Science, Vol.12, pp.135~161.

INNODRIVE(2011), INNODRIVE Intangibles Database, May(http://www.innodrive.org/).

Institute for Management Development(IMD)(2009), "IMD World Competitiveness Yearbook 2009", IMD, Lausanne(http://www.promexico.gob.mx/work/sites/Promexico/resources/LocalContent/1092/2/scoreboard.pdf).

International Energy Agency(IEA)(2010), World Energy Outlook 2010, IEA, Paris.

International Monetary Fund(IMF)(2008), World Economic Outlook, Housing and the Business Cycle, Washington, D.C., April.

_____(2011), World Economic Outlook, Tensions from the Two - Speed Recovery: Unemployment, Commodities, and Capital Flows, Washington, D.C., April.

Jalava, J., P. Aulin - Ahmavaara and A. Alanen(2007), "Intangible Capital in the Finnish Business Sector, 1975 - 2005", ETLA Discussion Paper No.1103, Research Institute of the Finnish Economy, Helsinki.

Jona - Lasinio, C., M. Iommi and F. Roth(2009), "Report on data gathering and estimations for the INNODRIVE project - Macro approach"(Deliverable No.15, WP9), Centre for European Policy Studies and the LUISS Lab of European Economics, Brussels and Rome.

Jona - Lasinio, C., M. Iommi and F. Roth(2011), "National Measures of Intangible Capital in the EU - 27 and Norway", in Hannu Piekkola(ed.), Intangible Capital - Driver of Growth in Europe, Proceedings of the University of Vaasa, No.167, pp.20~62.

Kaufmann, D., A. Kraay and M. Mastruzzi(2010), "The Worldwide Governance Indicators: A Summary of Methodology, Data and Analytical Issues", WPS3630, World Bank, Washington, D.C.

Khan, M. and K. Luintel(2006), "Sources of Knowledge and Productivity: How Robust is the Relationship?", OECD Science, Technology and Industry Working Paper No.2006/6, Directorate for Science, Technology and Industry, OECD, Paris.

Krueger, A. B. and M. Lindhal(2001), "Education for Growth: Why and for Whom?", Journal of Economic Literature, Vol.39, No.4, pp.1101~1136.

Krugman, P.(1994), "Competitiveness: A Dangerous Obsession", Foreign Affairs, Vol.73, No.2, pp.28~44.

Lawrence, R. Z., "Competitiveness", Concise Encyclopedia of Economics, Library of Economics and Liberty(http://www.econlib.org/library/Enc1/Competitiveness. html).

Lichtenberg, F. R.(1993), "R&D Investment and International Productivity Differences", NBER Working Paper No.4161, National Bureau of Economic Research, Cambridge, MA.

Majocchi, A. and M. Missaglia(2002), "Environmental taxes and border tax adjustment", Working Paper No.127, Societa Italiana Economia pubblica(SIEP), Turin.

Marlier, E., A. B. Atkinson, B. Cantillon and B. Nolan(2007), The EU and social inclusion, Bristol: Policy Press.

Marrano, M. G., J. Haskel and G. Wallis(2009), "What Happened to the Knowledge Economy? ICT, Intangible Investment and Britain's Productivity Record Revised", Review of Income and Wealth, Vol.55, No.3, pp.686~716.

McKibben, W. J. and P. Wilcoxen(2008), "The Economic and Environmental Effects of Border Tax Adjustments for Climate Policy", Brookings Global Economy and Development Conference, Brookings Institution, Washington, D.C.

Nakamura, L.(2010), "Intangible Assets and National Income Accounting: Measuring a Scientific Revolution", Review of Income and Wealth, Vol.56, No.2, pp.135~155.

OECD(2008), Growing Unequal? Income Distribution and Poverty in OECD Countries, OECD, Paris.

_____(2009), Education at a Glance 2009, OECD, Paris.

O'Mahoney, M. and M. Vecchi(2003), "Is there an ICT impact on TFP? A heterogeneous dynamic panel approach", Discussion Papers, National Institute for Economic and Social Research, London.

Paasi, M.(2010), "European Research Area(ERA) from the Innovation Perspective: Knowledge Spillovers, Cost of Inventing and Voluntary Cooperation", EUI Working Paper RSCAS 2010/40, European University Institute, Florence.

Park, W. G.(1995), "International R&D Spillovers and OECD Economic Growth", Economic Inquiry, Vol.33, No.4, pp.571~591.

Paus, L. and A. Troost(2011), "A European Clearing Union - The Monetary Union 2.0", Schriftenreihe Denkanstöße 13, 16 March.

Piekkola, H.(ed.)(2011), Intangible Capital in EU 27 - Drivers of Growth and Location in the EU, Proceedings of the Innodrive Conference, University of Vaasa(http://www.innodrive.org/attachments/File/Innodrive_Manual_2011_Piekkola%28ed%29.pdf).

Pochet, P.(2010), "What's wrong with EU 2020?" Intereconomics, Vol.45, No.4, pp.141~146.

Porter, M. E.(1990), "The Competitive Advantage of Nations", Harvard Business Review, March - April, pp.73~91.

Porter, M. E.(2011), "State Competitiveness: Creating an Economic Strategy in a Time of Austerity", Presentation at the National Governors Association Winter Meeting in Washington, D.C., 26 February(http://www.isc.hbs.edu/pdf/2011 - 0226_NGA_State_Competitiveness.pdf).

Pritchett, L.(2001), "Where Has all the Education Gone?", World Bank Economic Review, Vol.15, No.3, pp.367~391.

Rauhvargers, A.(2011), Global University Rankings and their Impact, Report on Rankings 2011, European University Association.

Rogoff, K. S. and C. M. Reinhart(2008), This Time Is Different: Eight Centuries of Financial Folly, Princeton, NJ: Princeton University Press.

Romer, P.(1990), "Endogenous technological change", Journal of Political Economy, Vol.98, pp.71~102.

Roth, F.(2009a), "Does too much trust hamper economic growth?", Kyklos, Vol.62, No.1, pp.103~28.

_____(2009b), "Who can be trusted after the financial crisis?", CEPS Working Document No.322, Centre for European Policy Studies, Brussels, November.

_____(2010), "Measuring Innovation - Intangible Capital in the EU", Intereconomics, Vol.45, pp.273~77.

Roth, F. and A. Thum(2010a), "The Key Role of Education in the Europe 2020 Strategy", CEPS Working Document No.338, Centre for European Policy Studies, Brussels.

_____(2010b), "Does Intangible Capital affect Economic Growth?",
INNODRIVE Working Paper No.3, Centre for European Policy Studies, Brussels,
September.

Roth, F., A. Thum and M. O'Mahoney(2010), "Intangible Capital and Productivity
Growth: A Literature Review with a Special Focus on the Service Industry",
SERVICEGAP Working Papers, Birmingham Business School, Birmingham.

Sapir, A.(2006), "Globalisation and the Reform of the European Social Models", Journal
of Common Market Studies, Vol.44, No.2, pp.369~90.

Schwab, K.(2010), The Global Competitiveness Report *2010-2011*, World
Economic Forum, Geneva(http://www3.weforum.org/docs/WEF_
GlobalCompetitivenessReport_2010 – 11.pdf).

Sen, A., J. P. Fitoussi and J. Stiglitz(2009), "Report by the Commission on the
Measurement of Economic Performance and Social Progress"(http://www.
stiglitz – sen – fitoussi.fr).

Solow, R.(1956), "A Contribution to the Theory of Economic Growth", Quarterly
Journal of Economics, Vol.70, pp.65~94.

Tilford, S. and P. Whyte(2010), The Lisbon Scorecard X: The road to *2020*, Centre for
European Reform, London.

United Nations(2011), World Population Prospects, The *2010* Revision(Medium
Estimates), United Nations Department of Economic and Social Affairs,
Population Division, New York, NY.

Van Ark, B., M. O'Mahony and M. P. Timmer(2008), "The productivity gap between
Europe and the United States: Trends and causes", Journal of Economic
Perspective, Vol.22, No.1, pp.25~44.

Van Ark, B., J. X. Hao and C. Hulten(2009), "Measuring intangible capital and its
contribution to economic growth in Europe", European Investment Bank
Papers, Vol.14, No.1, pp.63~93.

Van Pottelsberghe, B.(2008), "Europe's R&D – Missing the Wrong Targets",
Intereconomics, Vol.43, pp.220~25.

Van Rooijen‐Horsten, M., D. van den Bergen and M. Tanriseven(2008), "Intangible capital in the Netherlands: A benchmark", Discussion Paper No.08001, Statistics Netherlands, The Hague.

Veenendaal, P. and T. Manders(2008), "Border tax adjustment and the EUETS, a quantitative assessment", CPB Document No.171, Central Planning Bureau, The Hague.

Weber, C. L., G. Peters, D. Guan and K. Hubacek(2008), "The contribution of Chinese exports to climate change", Energy Policy, Vol.36, No.9, pp.3572~3577.

Whalley, J.(2008), "Carbon, trade policy, and carbon free trade areas", VoxEU.org, 25 November.

(2009), "International trade and the feasibility of global climate change agreements", VoxEU.org, 9 April.

World Bank(2006), Where is the Wealth of Nations? Measuring Capital for the 21st Century, World Bank, Washington, D.C.

Zimmerli, W.(2009), Zukunft Bildung Schweiz, Akademien der Wissenschaften Schweiz(http://www.akademienschweiz. ch/downloads/ZukunftBildung Schweiz.pdf).

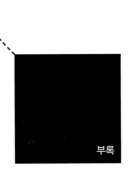

부록

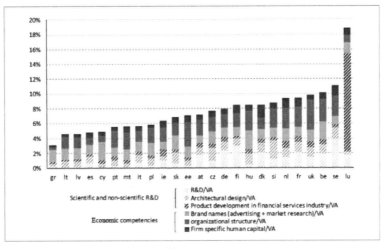

출처: INNODRIVE 자료를 근거로 자체 계산.

그림 A.1. 1995~2005년 EU-27 국가의 부문별 신규 무형자본 투자와 R&D 비교

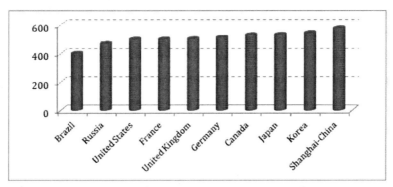

* 국제 학생 평가를 위한 프로그램(Programme for International Assessment)
출처: OECD 자료를 근거로 자체 계산.

그림 A.2. 2009년 PISA* 평균 점수

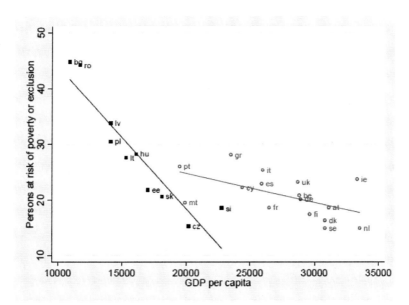

그림 A.3. 10개의 전환 국가들의 따라잡기 과정

표 A.1. 유럽 2020 공식 목표

EU/회원국 목표	취업률 (%)	GDP에서 R&D 비중	CO₂ 배출 감소 목표	재생 에너지	에너지 효율성 –에너지 소비 감소(단위 Mtoe)	중퇴(%)	3차 교육(%)	빈곤 및 사회적 소외 위험에 처한 인구 감소(인)
EU 주요 목표	75%	3%	−20% (1990년도와 비교)	20%	368Mtoe 맞먹는 20%의 에너지 효율성 증가	10%	40%	20,000,000
추정치	73.70~74%	2.65~2.72%	−20% (1990년도와 비교)	20%	206.9Mtoe	10.30~10.50%	37.50~38.0%	방법론의 차이로 인해 결과 산출 불가
AT	77~78%	3.76%	−16%	34%	7.16	9.5%	38%	235,000
BE	73.2%	3.0%	−15%	13%	9.80	9.5%	47%	380,000
BG	76%	1.5%	20%	16%	3.20	11%	36%	260,000
CY	75~77%	0.5%	−5%	13%	0.46	10%	46%	27,000
CZ	75%	1% (공공부문만)	9%	13%	n.a	5.5%	32%	2008년 수준에서 빈곤 또는 사회적 소외 위기에 처한 사람 수 유지 (전체 인구의 15.3%), 30,000명까지 줄이려고 노력 중
DE	77%	3%	−14%	18/%	38.30	<10%	42%	330,000 (장기 실업자)
DK	80%	3%	−20%	30%	0.83	<10%	적어도 40%	22,000 (작업 강도가 낮은 가구)
EE	76%	3%	11%	25%	0.71	9.5%	40%	(사회적 이전 이후) 빈곤위험군 비율을 (2010년 17.5%에서) 15%로 감소
EL	70%	수정 필요	−4%	18%	2.70	9.7%	32%	450,000
ES	74%	3%	−10%	20%	25.20	15%	44%	1,400,000~1,500,000
FI	78%	4%	−16%	38%	4.21	8%	42% (제한된 국가 정의)	150,000
FR	75%	3%	−14%	23%	34.00	9.5%	50%	빈곤고위험군 비율을 2007~12년 1/3까지 감소 또는 1,600,000명까지 감소
HU	75%	1.0%	10%	14.05%	2.90	10%	30.3%	450,000
IE	69~71%	대략 2% (2.5% GNP)	−20%	16%	2.75	8%	60%	2016년까지 186,000
IT	67~69%	1.53%	−13%	17%	27.90	15~16%	26~27%	2,200,000
LT	72.8%	1.9%	15%	23%	1.14	<9%	40%	170,000
LU	73%	2.3~2.6%	−20%	11%	0.20	<10%	40%	목표치 없음.

LV	73%	1.5%	17%	40%	0.67	13.4%	34~36%	121,000
MT	62.9%	0.67%	5%	10%	0.24	29%	33%	6,560
NL	80%	2.5%	−16%	14%	n.a.	<8%	>40% 2020년에 45% 예상	100,000
PL	71%	1.7%	14%	15.48%	14.00	4.5%	45%	1,500,000
PT	75%	2.7~3.3%	1%	31%	6.00	10%	40%	200,000
RO	70%	2%	19%	24%	10.00	11.3%	26.7%	580,000
SE	80% 초과	4%	−17%	49%	12.80	<10%	40~45%	2020년까지 노동인구 가 아닌 여성과 남성(학 생 제외), 장기 실업자 또는 장기 병가 중인 사 람의 비율을 14% 미만 으로 감소
Si	75%	3%	4%	25%	n.a.	5%	40%	40,000
SK	72%	1%	13%	14%	1.65	6%	40%	170,000
UK	NRP에 목표치 없음.	NRP에 목표치 없음.	−16%	15%	n.a.	NRP에 목표치 없음.	NRP에 목표치 없음.	2010 Child Poverty Act의 기존 목표

유럽 2020
전략 보고서

초판인쇄	2014년 6월 17일
초판발행	2014년 6월 17일

지은이	다니엘 그로스 · 펠릭스 로스
옮긴이	고영경
감 수	박영렬 · 고주현
펴낸이	채종준
기 획	조현수

펴낸곳	한국학술정보(주)
주 소	경기도 파주시 회동길 230(문발동)
전 화	031) 908-3181(대표)
팩 스	031) 908-3189
홈페이지	http://ebook.kstudy.com
E-mail	출판사업부 publish@kstudy.com

등 록	제일산-115호(2000.6.19)

I S B N	978-89-268-6171-4 93340